Passé décomposé

Du même auteur
chez le même éditeur

Un homme est mort

en collection de poche

Dack Place (Rivages/noir n° 10)
Crime et chuchotements (Rivages/Mystère n° 14)

Mildred Davis

Passé décomposé

Traduit de l'américain
par Gérard de Chergé

Collection dirigée par Claude Chabrol
et François Guérif

Rivages/Mystère

Ce livre est déjà paru sous le même titre
aux Éditions Terrain Vague

Titre original : *Walk into Yesterday*

106, bd Saint-Germain - 75006 Paris

ISBN : 2-86930-959-7

A Pamela

Avec mes remerciements au Dr Thomas Uniker pour son aide précieuse, et à Anne Hollyday, sept ans, pour le titre : *Walk into Yesterday* (Promenade dans hier)

1

Lorsque le gouverneur sortit de l'avion, des acclamations s'élevèrent de la foule et l'orchestre attaqua le thème de sa chanson électorale : «*Des rochers de l'Atlantique jusqu'aux rivages du Pacifique...*» Ce fut comme s'il franchissait une porte ouvrant sur l'adolescence. Quand il descendit la passerelle, les cordes tendues de chaque côté pour former un chemin (allégorique tapis rouge) jusqu'à l'aérogare devinrent soudain inutiles. Deux adolescents se faufilèrent dessous pour lui serrer la main, ce qui eut pour effet de rompre la digue.

La cohue des supporters s'engouffra sous la barrière et prit d'assaut le gouverneur. Souriant avec parcimonie (ses moindres actes étaient mesurés et soigneusement pesés), il s'efforça de serrer le maximum de mains tendues. Il avait plus de cinquante-cinq ans mais en paraissait moins de quarante. Grand, bien découplé, il avait un visage hâlé par le grand air, un sourire ouvert, apparemment spontané, et des yeux d'un inhabituel vert diapré. Ses cheveux, autrefois dorés, étaient parsemés de fils gris qui se perdaient dans la blondeur de l'ensemble. Les membres de la police d'Etat s'évertuaient à lui faire un rempart, mais il leur rendait la tâche impossible en brandissant... les deux mains pour que le maximum de gens puissent raconter plus tard à leurs petits-enfants qu'ils avaient touché un homme destiné à devenir d'ici peu président des Etats-Unis.

Il y avait là un Sud-Américain mince et nerveux, au visage basané, dépourvu de tout trait distinctif. Malgré, son blouson de cuir usé et son pantalon crasseux, il passait inaperçu dans la foule bigarrée. Le gouverneur plaisait à tous : aux jeunes à cause de son magnétisme de star de cinéma, aux pauvres parce qu'il préconisait la redistribution des richesses et le démantèlement des monopoles, aux progressistes fortunés car il était maintenant l'un des leurs, aux électeurs cultivés car il avait obtenu son diplôme universitaire *cum summa laude* et était expert dans l'art d'émailler ses discours de citations. S'il y avait une catégorie de la population qui manquait à sa panoplie, cela ne se remarquait pas. C'était un «homme du peuple», et le peuple était venu en masse l'accueillir.

Le petit homme pauvrement vêtu joua des coudes pour se rapprocher du centre de la foule, tout en gardant la main droite dans la poche de son blouson. Il transpirait, bien qu'on fût en novembre, et regardait sans cesse autour de lui comme s'il guettait des instructions. De toute évidence, il n'en reçut aucune. D'un geste distrait, il repoussa une fillette que sa mère prit dans ses bras avant de s'écarter pour le laisser passer.

Il était maintenant près du gouverneur. Celui-ci lui tendit la main avec jovialité en prononçant sa phrase-type : «Heureux de vous voir ici aujourd'hui. Comment allez-vous ?» Mais cette fois, la formule demeura sans effet, et il fallut trouver autre chose car l'homme, sortant la main de sa poche, enfonça un pistolet dans les côtes du gouverneur. Ils étaient si proches l'un de l'autre, la foule si compacte, que personne ne s'aperçut de rien.

Le gouverneur écarquilla les yeux – non de peur, mais de surprise. Ce que les terrains de sport d'Eton avaient fait pour l'Angleterre, le gymnase d'une université d'Etat l'avait fait pour l'Amérique. D'un prompt revers du bras, il fit sauter l'arme de la main du Sud-Américain effrayé. Celui-ci le regarda stupidement, bouche bée, le visage moite de sueur. Lorsque le coup de feu claqua, ils furent aussi abasourdis l'un que l'autre. Le gouverneur proféra un juron, porta une main à son côté, puis, lentement, s'affaissa en émettant un son inarticulé. Le policier le plus proche de lui se figea un instant, incrédule, et dégaina vivement son revolver. Le visage crispé par l'angoisse, il fit volte-face, vit le Sud-Américain stupéfait se pencher pour ramasser son arme ; sans hésiter, il lui tira une balle dans la tête à bout portant. Le petit homme s'affala sur le corps du gouverneur.

Ensuite, tout arriva en même temps. Ceux qui étaient le plus près du centre essayèrent de refluer. Les mères serrèrent leurs enfants contre elles, les jeunes poussèrent des cris excités, les hommes hurlèrent des questions. Ecartant comme un sac le cadavre du Sud-Américain, les policiers s'employèrent à dégager un espace autour du gouverneur. Dans la panique, personne ne remarqua l'homme qui laissait tomber son pistolet près de la main du Sud-Américain avant de ramasser la prétendue arme du crime. Il fut refoulé avec le gros de la cohue par la police d'Etat qui s'efforçait d'ouvrir un chemin vers l'aérogare. Les membres de l'orchestre, encore inconscients du fait que le gouverneur avait perdu, en même temps que son sang, tout espoir de devenir un jour président des Etats-Unis, continuèrent à claironner : *«Le chemin est jalonné de grandes villes fort importantes : Chicago et St. Louis, et Rock Island à ce qu'on dit...»*

2

Sur scène, le comédien d'un certain âge déclara :

– Les écureuils sont certainement plus mondains que moi.

A cet instant, la jeune femme assise au balcon sentit quelque chose : une odeur vaguement familière, qui la hantait comme le souvenir d'un cauchemar. Mais elle était tellement préoccupée qu'elle ne put lui accorder toute son attention. Elle tripotait nerveusement son annulaire gauche, dépourvu d'alliance, comme si elle dévissait un écrou trop serré. Tant de soucis la taraudaient que cette pensée particulière ne parvint pas à se frayer un chemin dans son esprit.

«*Une somme d'argent suffisante pour permettre à sa famille de quitter le pays.*» Ces mots ne provenaient pas de la scène. Elle les avait entendus la veille au soir. Et, ce matin, la nouvelle de l'assassinat... Elle se massa les bras, frissonnante. Selon toute vraisemblance, elle se faisait des idées; il n'y avait aucun lien entre les deux faits. Elle n'aurait pas dû envoyer la lettre. Que d'embarras en perspective lorsqu'ils la recevraient! Quand se manifesteraient-ils ? Lundi ? Mardi ? Assis à côté d'elle, son compagnon lui prit la main. Elle lui lança un bref coup d'œil et s'efforça de prendre un air détendu.

– Votre domestique nous a dit de nous mettre à l'aise,

dit le second comédien, or je ne me sens jamais à l'aise sans un verre à la main.

Il y eut des gloussements dans le public. Elle se demanda de quoi parlait la pièce. S'amusait-il, *lui*, au moins ? Elle l'espérait. Prenant une profonde inspiration, elle perçut à nouveau l'odeur. Elle renifla plus fort et, derrière elle, quelqu'un l'imita. Au premier rang du balcon, un spectateur tourna la tête et regarda de tous côtés, l'air intrigué. Un frémissement sembla parcourir le théâtre, une onde indéfinissable et pourtant menaçante, comme la sensation – avait-elle lu un jour – qu'éprouve un épileptique juste avant une crise.

– Pas devant les enfants, répliqua le plus âgé des deux comédiens.

Et il entonna sa chanson :

– Mentir, c'est très bien, mais pas devant les enfants.
Mourir, c'est très bien, mais pas devant les enfants.
Faites du gringue
A une grande bringue,
Faites un scandale à la messe dominicale,
Suivez mon conseil, filez avec l'oseille,
Ruez dans les brancards, mettez-vous en [pétard,
Mais pas devant les enfants, non, pas devant les enfants.
Ils sont beaucoup trop jeunes.

Un incident bizarre se produisit alors quelques rangs plus loin, juste devant elle. Un homme et une femme, accompagnés de deux petits enfants, échangèrent quelques mots à voix basse et poussèrent les petits hors de leurs sièges. Ceux-ci protestèrent, mais les parents en prirent chacun un sous le bras et sortirent en toute hâte. Ils ne se dirigèrent pas vers les toilettes mais vers l'escalier.

A cet instant, elle reconnut l'odeur.

Un muscle de sa joue tressaillit. Elle regarda autour d'elle, en quête d'un signe alarmant, mais ne remarqua rien de particulier. A moins que ce ne fût alarmant de voir, à l'orchestre, trois femmes se lever et partir.

On lui avait inculqué le principe qu'il n'y avait rien de pire que de perdre la tête. Malgré tout, elle n'était pas tranquille. Elle chercha des yeux la sortie la plus proche mais ne vit que l'escalier, assez éloigné. Se tournant vers son compagnon, elle lui adressa un sourire un peu contraint, avec un haussement de sourcils qui était censé vouloir dire : «Je ne suis pas inquiète.» A cet instant, comme pour lui donner raison, une voix masculine gronda, quelque part derrière eux :

– 'Seyez-vous ! Faites pas les idiots. 'Seyez-vous !

Sur scène, les acteurs ne pouvaient plus ignorer les bruissements qui se faisaient entendre aux quatre coins du théâtre. Le garçonnet de huit ans qui interprétait l'un des principaux rôles était complètement désarçonné. Finalement, ils renoncèrent à continuer et se tournèrent vers le régisseur, caché dans les coulisses. Un homme corpulent s'avança d'un pas résolu et leva la main pour réclamer le silence. Derrière lui, le rideau s'abaissa.

– Mesdames et messieurs, dit-il d'un ton ferme, veuillez rester à vos places. Il n'y a pas d'inquiétude à avoir. La panique est toujours mauvaise conseillère.

De l'orchestre, une voix d'homme lança :

– Y a-t-il le feu ? Dites-nous ce qui se passe.

– Le sinistre est complètement maîtrisé. Le fourneau du restaurant voisin...

Il n'acheva pas sa phrase.

Un hurlement hystérique retentit quelque part derrière lui. Comme il tournait la tête pour voir ce qui se passait, des tourbillons de fumée s'échappèrent de sous le rideau. Il ouvrit la bouche, mais aucun son n'en sortit. Une mince épée de feu déchira le rideau, qui s'enflamma en crépitant.

– Mesdames et messieurs ! cria-t-il pour couvrir le tumulte. Essayez de sortir dans l'ordre, je vous en prie. Il y a des issues un peu partout. Il n'y a aucun danger si vous gardez votre calme...

Mais personne n'écoutait. Elle n'écoutait plus. Tout ce qu'on lui avait enseigné – les bonnes manières, le principe selon lequel il était plus correct, à la limite, de mourir que de mettre quelqu'un dans l'embarras –, tout cela s'embrasa et fut réduit en cendres. Les bonnes manières n'avaient pas leur place en enfer, et il n'y en eut aucune trace dans ce qui suivit.

Le cri provenant de la scène donna le signal du sauve-qui-peut. Elle se leva, agrippée au bras de son compagnon, mais elle n'aurait su dire s'il lui parlait ou non. La fumée remplissait maintenant le théâtre, rendant l'atmosphère quasiment irrespirable. Elle ne voyait déjà plus l'escalier ; de toute façon, elle n'aurait pu l'atteindre car les allées étaient bondées. Au-dessus d'elle, l'homme qui avait crié «'Seyez-vous !» poursuivait vaillamment ses efforts pour rétablir l'ordre et faire en sorte que la panique conservât un semblant de dignité. Même elle, pourtant civilisée au plus haut point, dut lutter contre la tentation de griffer, d'écorcher, de lacérer pour se frayer un chemin vers la liberté, pour échapper à la chaleur suffocante qui commençait à monter de l'orchestre, pour atteindre le sanctuaire béni des rues avoisinantes. Elle n'avait jamais rien désiré si désespérément que ce qu'elle désirait en cet instant : voir le ciel, respirer à pleins poumons, fuir cette effroyable bousculade... L'allée était une masse compacte de bras et de jambes frénétiques, de visages terrifiés, de bouches ouvertes, d'yeux égarés, de gens qui criaient et juraient. Un homme brandissant son fils au-dessus de sa tête essayait de s'ouvrir un chemin à coups de pied ; un jeune garçon, cramponné au bras de sa petite amie, regardait en bas avec désarroi, évaluant leurs chances de s'en sortir s'ils sautaient ; une femme d'un certain âge, qui tentait d'enjamber les fauteuils avec son mari, tomba par terre et se cassa apparemment quelque chose, car son mari ne parvint pas à la relever.

Une fumée brûlante emplissait le théâtre et montait vers elle, la faisant tousser et suffoquer. Elle n'y voyait plus rien, à présent ; même si elle avait réussi à se dégager de la cohue, elle n'aurait pas su dans quelle direction fuir. Une puanteur indicible, bien pire que l'odeur de bois brûlé, lui assaillit les narines, et un grand fracas retentit brusquement dans la salle quand une partie du mur s'effondra en crépitant. Deux personnes se retrouvèrent enterrées sous les décombres en feu. Elle vit le pied d'une femme émerger des débris et se mouvoir grotesquement, comme animé d'une vie propre, tandis qu'il s'enflammait sous ses yeux.

La peur se mua en incontrôlable folie. Dans la foule

grouillante, elle vit un homme passer par-dessus une vieille dame qui disparut, comme engloutie par une vague, pour ne jamais refaire surface. Le rugissement du brasier se mêlait aux cris qui atteignaient maintenant un diapason insupportable. Elle vit que le père et son fils avaient atteint le mur ; le visage de l'enfant était déformé par la terreur. A cet instant précis, le mur parut s'ouvrir derrière eux. De masse solide, il se trouva soudain transformé en flamme liquide, vidée de toute substance. L'homme ouvrit la bouche mais, s'il poussa un cri, celui-ci se perdit dans le vacarme général : elle eut l'impression d'assister à un film muet. L'enfant se débattait pour se libérer, mais son père jugea sans doute préférable de ne pas lâcher prise, et ils tombèrent ensemble. Lorsqu'ils disparurent, leurs visages semblèrent devenir transparents, absorbés par les flammes qui les noyèrent dans leur étreinte.

Elle se tourna vers son compagnon pour lui adresser un dernier regard, sachant qu'ils allaient mourir. Et, à cet instant, le monde parut céder sous leurs pieds : il n'y eut plus rien pour les soutenir. Eperdue de terreur, elle se débattit frénétiquement, sans savoir contre qui elle luttait ainsi. Elle hurla lorsque la chaleur torride, aveuglante, lui frôla la joue. Elle essaya de se cramponner à lui tandis que le balcon s'effondrait, mais elle le sentit qui lui échappait brusquement ; et, au même moment, quelque chose s'enfonça dans son bras. Elle n'y voyait rien. Les hurlements, perçants et inhumains, atteignirent un sommet de puissance sonore. Transformée en incandescente torche de souffrance, elle sentit le plancher se dérober sous elle, puis ce fut l'interminable chute au cœur de la fournaise.

3

Le soleil filtrait à travers les branches des arbres dénudés, traçant sur le couvre-lit vert un motif d'ombres en forme d'araignée et tachetant les fleurs jaunes disposées dans le vase. Juste derrière les portes-fenêtres se déployait un rosier non taillé, encore doté des pétales séchés de l'année précédente. L'érable, en revanche, était hérissé de nouveaux bourgeons à peine apparents, comme une fillette de onze ans au seuil de la puberté. Quelque part, un robinet coulait. Elle entendait le léger gazouillis de l'eau, mêlé à la voix qui disait :

– On ne peut pas rester indéfiniment dans un état stationnaire. Soit on remonte la pente à force de volonté, soit on décline sous l'effet de la pesanteur.

C'était un homme menu, au visage fin, creusé de rides, et il faisait tout le temps des commentaires de ce genre. Elle le soupçonnait d'être un écrivain frustré, tout en sachant bien que c'était le médecin de l'établissement. Il portait un pull-over en laine, une chemise à col ouvert et un pantalon de velours gris trop grand pour lui. Malgré son visage marqué, il semblait avoir une petite trentaine d'années.

– J'arrive à rester dans un état stationnaire, dit-elle d'une voix somnolente. Je me laisse porter par les... euh...

Elle se tourna vers lui, confiante.

– Je ne trouve pas le mot... Ça flotte dans le ciel.

– Les nuages.

Elle eut un sourire ravi. Elle aimait retrouver les mots qui lui échappaient.

– Voilà, dit-elle. Je me laisse porter par les nuages.

– Les nuages ne portent que les étourdis. Vous n'êtes pas une étourdie.

Qu'en savait-il, *lui* ? se demanda-t-elle. Evidemment, cela faisait longtemps qu'ils avaient ce genre de conversation à bâtons rompus. Combien de temps ? Elle n'aurait su le dire exactement. C'était si difficile de se concentrer. Des jours ? Des semaines ? Parfois, elle faisait encore ce rêve, celui où elle se retrouvait à l'école, errant dans les longs couloirs obscurs. Elle essayait de lire les numéros des portes, mais elle ne les distinguait pas bien. Elle essayait alors de consulter son emploi du temps, mais sa vue était brouillée. Soudain, l'heure de l'examen arrivait et elle n'avait pas assisté à un seul cours, pas ouvert un seul livre. Elle allait devoir rendre compte du travail d'un semestre sans avoir la moindre idée du programme... Elle éprouva la même impression en cet instant, quand il se mit à lui poser des questions. Son esprit s'obscurcissait, la tension la submergeait à nouveau.

C'était beaucoup plus agréable de s'abandonner. Laissant les courants atmosphériques l'emporter loin du médecin, elle se sentit évoluer doucement à travers des volutes de néant, franchir les maigres branches d'arbres entrelacées qui s'écartèrent sur son passage pour ne pas l'égratigner. Les nuages – quoi qu'en dise le docteur – la soulevaient et l'emportaient, caressant son visage de leurs bras humides. Elle aurait bien voulu qu'il ne fût pas si obstiné, si résolu à la ramener sur terre. Le monde était tellement laid, en bas, tandis que là-haut...

Elle atterrit brutalement et regarda, stupéfaite, ce qui se tenait sur le seuil de la chambre.

Ce n'était pas plus haut qu'une grande poupée, mais ça n'avait rien d'une poupée. C'était une masse épaisse, difforme, qui commençait par une énorme tête – reliée, apparemment sans l'intermédiaire d'un cou, à un dos bossu – et qui allait ensuite en diminuant : corps contrefait, courtes jambes et pieds minuscules. Quelques mèches de cheveux gras surmontaient le visage rond, stupide, doté de petites fentes en guise d'yeux, avec un gros nez informe et une bouche au sourire jovial. Ça grognait et couinait.

Elle se recroquevilla sur son lit quand l'apparition s'avança, faisant des moulinets avec le bâton qui lui servait manifestement de canne.

– Allez-vous-en, murmura-t-elle. Je vous en prie, allez-vous-en.

Elle tenta de se souvenir d'un nom à appeler en cas d'urgence, mais la mémoire lui fit défaut. Elle ressentait une peur diffuse, cette peur qui la taraudait si souvent durant ses périodes de conscience, qui la conduisait si souvent à écarter ses embryons de pensées : était-il possible, était-il concevable qu'elle ressemblât à cette créature ?

La naine – elle devait être de sexe féminin, puisqu'elle portait une robe – s'approcha en agitant sa canne et en baragouinant. Elle tenait dans sa main libre une liasse de bouts de papier comme peuvent en ramasser les enfants.

Allongée sur son lit, la malade cria :

– Quelqu'un ! Venez, quelqu'un !

Une femme apparut sur le seuil. C'était une mulâtresse aux cheveux roux, vêtue d'un uniforme d'infirmière. Elle avait un œil qui louchait.

– Que se passe-t-il ? demanda-t-elle d'une voix douce qui se voulait distinguée.

Naturellement, elle reconnut l'infirmière. Elle l'avait toujours vue ici mais, pour l'instant, son nom lui échappait.

– Oh ! s'il vous plaît... faites-la partir.

– Qui ? Bonnie ?

Surprise, l'infirmière baissa les yeux sur la naine et agita les mains comme pour donner un coup de balai.

– File, Bonnie. Oust !

La créature hésita, bafouilla, puis se désintéressa de ce qui se passait. Appuyée sur sa canne, elle sortit en clopinant sur ses pieds minuscules.

– Un jour, commenta l'infirmière, je suis allée au marché avec Gib. (Tout lui était prétexte à parler du petit Gib, son neveu.) A un moment donné, nous avons vu un mongolien. Je n'ai jamais été si gênée : d'une voix bien forte, Gib a dit...

Les nuages la soulevèrent à nouveau, l'emportant

loin des voix, loin des visages et des souvenirs. Ils passèrent progressivement du jaune au blanc, puis au gris. Parfois, ils étaient d'un rouge orange, flamboyant, qui lui faisait horreur; parfois, ils étaient d'un bleu froid, violacé, qui la rendait triste. Dans la journée, la lumière se faisait moins aqueuse; elle devenait jaune, éclatante. Et, de l'autre côté des portes-fenêtres, les petits bourgeons s'arrondissaient, gonflés d'une secrète promesse.

Elle était assise dans un fauteuil roulant, une couverture enroulée autour des pieds. Les rayons du soleil éclairaient son visage, le chauffaient. Quelque chose de lourd reposait sur sa poitrine. Elle essaya de lever la tête pour voir ce que c'était, mais cet effort l'épuisa. Les rêves, tels des écheveaux, s'enroulaient interminablement autour de son cerveau : sensation de tomber en tournoyant dans un puits, de fendre l'air à une allure vertigineuse sans pouvoir s'arrêter. Tout comme une naissance, c'était un processus qui, une fois entamé, était irréversible : on était obligé d'aller jusqu'au bout. Des visages étaient penchés sur elle. Non pas des visages entiers, mais des moitiés de visages: les yeux et le front étaient visibles, le nez et la bouche cachés par des masques. Elle était au fond d'un puits et ils l'observaient par-dessus le rebord. Et, partout, il y avait cette odeur... l'odeur âcre de quelque chose d'horrible.

Elle se laissa aller à la dérive.

Un homme ramassait le chaume et les divers débris abandonnés par l'hiver sur une plate-bande, mais il lui tournait le dos et elle ne lui accorda pas plus d'attention qu'à un arbre. Il faisait partie du décor. Un autre homme passa près d'elle d'un pas incertain, un sourire niais sur les lèvres, comme s'il se remémorait une plaisanterie un peu gênante. Celui-ci s'appelait Dick : elle fut heureuse de pouvoir s'en souvenir. A moins que ce ne fût Richard ?

Elle sentit quelque chose lui chatouiller le menton. C'était une fourmi. Elle la balaya d'un geste impatient.

Sur sa poitrine étaient empilés des journaux pliés en deux. Elle sortit un bras de sous la couverture pour en prendre un, mais la vue de sa main retint son attention. Etait-ce vraiment *la sienne* ? Elle laissa remonter son regard jusqu'à l'épaule pour s'assurer que cette main lui appartenait bien. La peau était rêche et grumeleuse, les ongles coupés court et droit. Le poignet était barré d'une cicatrice plissée, blanchâtre et luisante comme le ventre d'un poisson. Enfant, à la suite d'une brûlure, elle avait eu la même peau blanche et luisante. Mais cette brûlure, elle se l'était faite au coude. Ce souvenir lui causa un choc. Elle se sentit à nouveau aspirée vers le bas, loin du chaud soleil, loin des moucherons qui zigzaguaient dans l'air, loin des vertes prairies qui s'étendaient à perte de vue. Elle fit un effort surhumain pour ne pas replonger dans les ténèbres.

Les journaux étaient de toutes couleurs et de tous formats. Elle en avait pris une quantité incroyable, comme si elle avait voulu rattraper un retard. Des bribes d'articles attirèrent son attention : «*... d'une conférence devant trois cents représentants new-yorkais, un responsable de l'industrie automobile a raconté l'histoire de la grand-mère qui voulait s'acheter une nouvelle voiture. Non seulement elle exigeait une ligne aérodynamique...*»

Ou encore : «*... le théâtre commercial se meurt, la télévision corrompt tout ce qu'elle touche, la danse classique périclite, les comédiens sont au chômage, les orchestres et les opéras sont des gouffres financiers...*»

– Tout va mal, dit-elle à haute voix.

Surpris, l'homme qui jardinait tourna la tête. Comme elle le regardait d'un air impassible, il se remit au travail.

Une autre silhouette apparut alors dans son champ de vision. Encore un des pensionnaires de ce... ce... au fait, quel genre d'établissement était-ce ? Et combien de monstres abritait-il ? Celui-ci, tassé dans un fauteuil roulant, paraissait si maigre qu'on eût dit un squelette recouvert d'une fine couche de peau. Recroquevillé, le menton sur la poitrine, il semblait n'avoir aucune vie propre. Pourtant, les doigts crochus qui émergeaient des manches de la veste se cramponnaient aux bras du fauteuil, comme si la créature – quelle que fût sa nature – s'attendait à être propulsée dans l'espace. Sans doute était-elle de sexe féminin, car elle avait les cheveux longs.

– Seigneur, mais où suis-je ?

Cette fois, le jardinier ne prit pas la peine de se retourner. Les mots vibrèrent dans l'air comme des notes de musique discordantes, évoquant un univers rempli d'effroyables possibilités. Le «Où suis-je ?» se transforma en : «*Que* suis-je ?». La peur de la réponse faillit lui couper la respiration. Elle se redressa, éparpillant les journaux par terre. D'un geste machinal, elle en ramassa un.

Elle vit une grande photo montrant une foule. Elle n'aurait su dire ce que faisait cette photo en première page, et d'ailleurs elle n'en avait cure. Ce qui l'intriguait, c'était la date. Pour une raison quelconque, le journal était postdaté d'environ cinq mois.

Frémissante, ondoyante, cette pensée demeura un moment à l'état latent, puis se mit à grandir, prenant des proportions monstrueuses. Etait-ce le journal qui était postdaté ou bien *elle* qui était déphasée ? Se pouvait-il qu'elle eût «égaré» cinq mois de sa vie ?

Le vertige, cette familière sensation de vertige, revint à la charge, et le rideau noir qui s'abattit soudain devant ses yeux lui fit renverser la tête en arrière. Le docteur avait raison depuis le début. Les nuages ne voulaient plus la porter. Il lui fallait redescendre sur terre pour savoir à quoi s'en tenir.

4

– Hé ! vous... le jardinier, appela-t-elle d'un ton hésitant.

Comme il continuait à entasser le chaume dans sa brouette, elle se demanda s'il l'avait entendue. Peut-être avait-il pour habitude d'ignorer les malades.

Elle se rapprocha dans son fauteuil roulant.

– S'il vous plaît ! Je voudrais vous parler.

Lentement, il se redressa. Il était grand et voûté mais, quand il se retourna, elle put constater qu'il était plus jeune qu'il ne le paraissait de dos.

– Venez là, je vous prie, dit-elle.

Après un instant d'hésitation, il s'avança à contrecœur, presque avec méfiance. Il l'observait comme s'il redoutait une manifestation de violence.

– J'ai beaucoup de travail, marmonna-t-il.

– Quel jour sommes-nous ?

Avant qu'il ait pu répondre, une femme s'approcha d'eux. Elle titubait et tressautait, telle une marionnette dont un alcoolique eût tiré les fils, et semblait sur le point de tomber à chaque pas. Grande, laide, anguleuse, elle s'arrêta devant le fauteuil roulant.

– Veux voir ma lettre ? gazouilla-t-elle. Mon frère, il écrit. Il envoie des lettres à moi. De l'argent. Beaucoup de cadeaux. Joli, mon bracelet. Beaucoup de cartes.

– Allez-vous-en, Beth, dit le jardinier.

Puis, s'adressant à elle :
– Vous m'avez posé une question ?
– Quel jour sommes-nous ?
Il le lui dit.
– Vous en êtes sûr ?
– Evidemment, que j'en suis sûr !
Il l'examina à la dérobée, comme pour voir si elle se moquait de lui.
– Je ne comprends pas, murmura-t-elle pensivement.
Elle remarqua alors qu'il avait le regard rivé sur ses jambes. La couverture avait glissé. Elle baissa les yeux à son tour et, bien qu'elle portât des bas, elle put distinguer les marques : des cicatrices de la taille d'un timbre-poste, comme si on lui avait prélevé des bouts de peau.
Afin de détourner son attention, elle demanda au jardinier :
– Que... quand pourrai-je voir le Dr Stires ?
– Il vient l'après-midi. Jamais le matin.
– Vous voulez dire qu'il n'y a aucun... Il n'habite pas sur place ?
– Pour quoi faire ?
– Eh bien, mais... pour s'occuper des malades ! Pour les soigner.
Il lança un coup d'œil à Beth.
– Qui voulez-vous qu'il soigne ? *Elle* ?
Gênée, elle suivit la direction de son regard et baissa les yeux. Elle était convaincue qu'il avait le même mépris pour eux tous, y compris pour elle.
– Ce n'est pas un établissement où on soigne les gens, dit-il. On s'occupe d'eux, c'est tout.
– Dans ce cas, qui s'occupe d'eux ?
Elle hésita, consciente de ne pas être objective.
– De *nous*, rectifia-t-elle.
– Gillian, répondit-il.
Sur ce, il retourna à sa plate-bande.
Elle savait qui était Gillian, bien sûr, mais elle fut incapable de se remémorer son visage. Elle essaya de lire les journaux, mais c'était comme si on l'avait transportée dans un autre siècle. Les noms ne signifiaient rien pour elle.

– C'est l'heure de déjeuner, Jane ! annonça avec entrain une voix féminine.

Ouvrant les yeux, elle vit une petite femme trapue, à la peau mate et aux cheveux noirs, qui entreprit de la pousser énergiquement vers la maison principale.

– Où est mon infirmière ? s'enquit Jane. Euh... Zee ?

– Zee ? C'est son jour de congé, vous le savez bien.

Elle hésita un instant. Enfin, elle décida de courir le risque :

– Et *vous*, demanda-t-elle, qui êtes-vous ?

La femme leva les yeux au ciel en secouant la tête.

– Encore ? gémit-elle. Je suis Gillian. Tâchez de vous en souvenir, cette fois.

Mieux valait ne pas poser tant de questions. Comment avait-elle pu oublier Gillian ? Quelqu'un lui avait un jour conseillé, au lieu de poser sans arrêt des questions, d'observer afin de trouver les réponses par elle-même. Qui donc lui avait dit cela ? D'où lui était venue cette pensée ? Mais déjà la fenêtre opaque se refermait brusquement, occultant la vue extérieure.

Elles gravirent une petite rampe donnant accès à la maison, où il faisait presque frais après la chaleur du dehors. A la vue des grandes pièces lugubres, Jane réprima un frisson. A mesure que ses yeux s'accoutumaient à la pénombre, elle distingua des salles de réception de chaque côté de l'escalier, et un certain nombre de pièces plus vastes qui n'avaient apparemment pas d'affectation précise, à en juger d'après leur mobilier hétéroclite : tables de bridge, fauteuils, divans, poste de télévision, piano...

Elle eut l'impression de pénétrer dans un musée de cire. A l'évidence, les malades et les membres du personnel prenaient leurs repas tous ensemble. Il y avait là Bonnie, la naine ; Dick (ou Richard), celui qui marchait en traînant les pieds et qui avait toujours l'air gêné ; Helen, l'épouvantail en fauteuil roulant ; Beth, la marionnette qui parlait sans arrêt de son frère et des cadeaux qu'il lui faisait ; enfin, une femme de petite taille, mince et aristocratique, qui n'adressait la parole à personne. Mêlés à eux, il y avait Gillian, sa fille Adeline – qui s'occupait du ménage –, la cuisinière et son mari, puis le jardinier. Les choses et les êtres semblaient déformés, brouillés, vagues silhouettes qui se mélangeaient et fusionnaient. Par moments, elle percevait une expression, un vêtement, un sourire qui lui rappelaient une existence antérieure ou un cauchemar. Puis elle avait la sensation de se trouver dans le palais des glaces d'un parc d'attractions, où tout était déformé. Il était difficile de faire la différence entre ce qui était réel et ce qui ne l'était pas, ce qui était vivant et ce qui était une simple image de ce qui avait été vivant autrefois, ce qui était conforme aux apparences, ce qui était faussé par le miroir, ce qui était normal et ce qui était anormal, ce qui s'était vraiment passé et ce qui semblait seulement s'être passé.

Palais des glaces... Curieux, elle ne se rappelait pas avoir réclamé un miroir depuis qu'elle était ici. Elle ignorait totalement quel visage elle avait. A priori, c'était pourtant la première chose qui aurait dû l'intéresser. Elle se demanda avec crainte quel nouveau choc l'attendait.

Elle se pencha sur son potage comme si elle se mirait dans un étang de forêt, mais il ne lui renvoya aucun reflet. Elle se regarda alors dans sa cuiller mais ne put discerner qu'un ovale flou, dépourvu de traits identifiables. Levant les yeux, elle s'aperçut que le jardinier et la cuisinière l'observaient. Elle s'empressa d'avaler son potage. Un brouhaha de conversations l'environnait, pour autant qu'on pût appeler «conversations» les déjections engendrées par ces malheureux cerveaux détraqués. Elle prêta à ce babil une attention précautionneuse – telle une personne s'aventurant dans un cloaque – comme si elle craignait de souiller son propre cerveau, lui-même en équilibre précaire.

– C'est vrai, lui dit Gillian.

Elle leva la tête, interloquée, ne sachant pas de quoi il s'agissait. Réprimant la question qui lui montait aux lèvres, elle attendit la suite.

– C'est vrai, répéta Gillian. Ce que dit Beth... Son frère est réellement directeur d'une école de garçons.

– Ah ? dit-elle prudemment.

– Oui. Elle est issue d'une excellente famille. Marlene aussi, ajouta-t-elle en indiquant d'un signe de tête la petite femme au port aristocratique.

– Mais alors... que s'est-il passé ?

– Pour Beth, vous voulez dire ? Ma foi, vous savez ce que c'est. Ça peut arriver à n'importe qui. D'après le docteur, elle aurait subi une lésion à la naissance. Mais on ne peut pas en être sûr, parce que les dossiers médicaux n'étaient pas très précis à l'époque. A vrai dire, on n'a jamais su exactement si c'était congénital ou si elle était née comme ça.

Il ne vint pas à l'idée de Jane de reprendre Gillian sur le sens exact du mot «congénital», mais elle fut heureuse de constater qu'elle savait quelque chose que Gillian ignorait. Elle fut également heureuse de voir qu'une femme supposée normale la jugeait suffisamment saine d'esprit pour discuter avec elle des autres malades.

Le poulet était bon et elle était affamée, comme si elle n'avait pas mangé depuis des années. Au dessert, elle prit un flan au caramel nappé de crème, puis un café. Le repas terminé, Gillian la reconduisit dans sa chambre, à l'annexe, en passant par l'extérieur, et l'aida à se mettre au lit pour la sieste.

– Est-ce que je remarcherai un jour ? demanda soudain Jane, comme si la question ne lui avait jamais semblé importante auparavant. Qu'est-ce que j'ai aux jambes ?

– Bien sûr que vous remarcherez, répondit Gillian avec jovialité.

Et elle sortit sans lui laisser le loisir de poser d'autres questions.

Calée contre ses oreillers, Jane ferma les yeux et essaya d'évoquer des images, des sons, des paroles... n'importe quoi. Elle avait du temps à revendre : ç'eût été un péché de ne pas s'en servir. Pendant quelques minutes, elle ne vit rien d'autre que le maelström de visages dans la salle à manger. L'un d'eux lui parut vaguement familier, mais elle n'aurait su dire lequel.

Etait-ce celui de Richard, l'homme qui souriait en permanence ? Elle ne le pensait pas. Cependant, quelque chose dans ses yeux bleu clair, son teint rougeaud...

Elle avait connu un visage semblable, autrefois, mais un visage dont le regard, au lieu d'être vide, était rempli de chaleur et d'amour. Elle éprouva une impression de sécurité. Elle sentit presque le contact d'une grande main sur la sienne. Quelqu'un lui parlait.

Elle s'agita dans son lit, s'efforçant de saisir les paroles. Mais ce fut une odeur qui lui parvint : une odeur singulièrement forte, qui n'avait rien du parfum des fleurs mais évoquait néanmoins des choses agréables. Des animaux ! Oui, c'était cela. Elle était allée au zoo avec l'homme aux yeux bleus... son père, sans aucun doute. Tous les animaux la fascinaient, mais celui-là plus particulièrement car il venait de l'autre bout du monde. Un kangourou. Une voix disait :

– Oui, il faut te laver les cheveux tous les jours. Je ne tiens pas à ce qu'ils empestent l'écurie.

Mais ça, c'était une voix différente, féminine, issue d'une autre époque, d'un autre lieu. Anonyme III... son cheval hongre. Elle avait eu jadis un cheval à elle. Un alezan... mais qui donc était cette femme ? Certainement sa mère. Pourquoi ne parvenait-elle pas à mettre un visage sur cette voix ?

Elle se tourna et se retourna dans son lit, comme si elle n'arrivait pas à trouver une position confortable. Toutes ses fibres nerveuses la picotaient désagréablement. Elle aurait voulu... En fait, elle ne savait pas ce qu'elle aurait voulu.

Sur l'étagère, près de son lit, il y avait sa radio et quelques livres qui allaient apparemment avec la chambre. Elle en prit un. *David Copperfield*. Elle n'eut aucun mal à se rappeler en gros l'intrigue : la mère folle, le tuteur, la tante Machin-chose...

«*C'était la meilleure des époques, la pire des époques...*» Non. Ça, c'était *Un Conte de deux villes*.

Son estomac se noua. De toute évidence, un nerf avait été touché. Qu'y avait-il, dans *Un Conte de deux villes*, qui fût de nature à la bouleverser ? Peut-être se sentait-elle proche du père – comment s'appelait-il, déjà ? – enterré vivant dans la tour Nord, cellule cent cinq. Non, c'était autre chose.

Des échos. Des bruits de pas, un trottinement de petits pieds. «*Que résonnent de plus amples échos, la jeune mère assise près du berceau entendra toujours approcher ces pas-là.*»

Elle s'adossa contre les oreillers et ferma les yeux. Elle commençait à avoir la migraine. «*Des pas frénétiques, insensés et dangereux, qui pénétraient de force dans la vie d'autrui, des pas dont l'empreinte, une fois tachée de sang, était malaisée à effacer, les pas furieux qui grondaient dans le faubourg Saint-Antoine...»*

Curieux, ces souvenirs qui lui revenaient. Incroyable de se rappeler tout ça. Le faubourg Saint-Antoine... Quels pas, dans sa vie à *elle*, avaient été tachés de sang ?

Bien qu'elle n'essayât plus de se souvenir, les mots continuaient d'affluer : «*...les pas fracassants du faubourg Saint-Antoine se répercutaient dans les rues de Paris, en ce 14 juillet 1789... Tenez ces pas-là éloignés de sa vie ! Car ils sont frénétiques, insensés et dangereux ; et, tant d'années après ce jour où le tonneau s'était brisé devant la porte du cabaret de Defarge, il serait malaisé de purifier leur rouge empreinte...»*

Rouge comme le tapis, l'autre soir. Elle était entrée et ils ne l'avaient pas entendue. Aucun d'eux ne l'avait entendue. L'imbécile n'avait pas fermé la porte à clef après l'arrivée du dernier. Des voix murmuraient dans l'autre pièce. L'intonation particulière de ces voix l'avait incitée à marcher avec précaution sur le tapis. Immobile dans le noir, elle avait écouté de toutes ses oreilles...

– Bonjour, dit le médecin en entrant après avoir frappé pour la forme.

Elle battit des paupières, interdite, l'esprit encore concentré sur le tapis rouge sang, mais la présence du docteur dissipa cette image. Elle se retrouva dans la chambre, avec la table de chevet, le fauteuil en cuir, l'armoire, la rangée de livres classiques et les rayons obliques du soleil. La sensation de nausée avait disparu.

– Vous dormiez ?

Son fin visage aux traits agréables était quelque peu hagard, et son corps mince était apparemment revêtu du même pull-over et du même pantalon trop larges. Il s'assit en soupirant.

– Pas exactement, répondit-elle.

– Pas exactement ?

Il sortit un paquet de cigarettes et lui en proposa une, qu'elle refusa.

– Qu'entendez-vous par là ?

Au lieu de s'expliquer, elle demanda :

– Est-ce que je fumais, avant ?
– Je n'en sais rien.
– Qu'est-ce que vous faites, à part vous occuper de cet établissement ?
– J'ai un cabinet privé. Mon oncle m'a laissé cette clinique.
– Voilà qui paraît plutôt bizarre.
– Non, pas tant que ça. Il l'a dirigée pendant une quarantaine d'années, et à sa mort... je n'ai évidemment pas pu abandonner ses malades. Où seraient-ils allés ?
– Cela paraît bien manivolte.
– Manivolte ? répéta-t-il avec douceur.
– Oh, ce mot n'existe pas ?
– Non.
– Ah ! je sais, dit-elle avec soulagement. Je voulais dire «désinvolte». N'était-ce pas désinvolte de sa part de vous laisser un hôpital rempli de... euh... de gens comme nous ? Supposez que ça ne vous ait pas intéressé ?
– Je n'avais pas le choix. J'étais son plus proche parent. Au départ, mon intention était simplement d'en assurer le fonctionnement jusqu'à la... disparition du dernier malade. Mais là-dessus, vous... Je connais votre tuteur, alors quand il m'a demandé...
– Mon tuteur ?
– Oui. Quand il m'a demandé...
– Qui est-ce ? Comment est-il ?
– Il s'appelle Howard Chalmers et c'était apparemment un ami de votre famille. Donc, il m'a demandé de vous prendre ici. Vous étiez sortie du coma et aviez quitté l'hôpital, mais vous étiez encore... bref, il cherchait un établissement comme celui-ci. Dans la mesure où vous aviez votre infirmière personnelle, vous n'étiez pas une charge pour moi.
– Pourrais-je avoir un miroir ?
– Vous pétez le feu, aujourd'hui, dites donc !
– Qu'entendez-vous par là ?
– Vous êtes en forme : pleine de vivacité, de curiosité... C'est bon signe.
– Depuis combien de temps suis-je malade ?
Complètement détendu, il s'adossa à son siège sans manifester la moindre hâte.

– Très longtemps. Remarquez, tout est relatif. Si on compare à certains de nos malades...

– Combien de temps ?

– Dites-moi ce que vous vous rappelez.

– Rien. Enfin, si : beaucoup de choses. Par exemple, je me souviens comment on parle. Et quand vous êtes entré, je me rappelais des passages de *Un Conte de deux villes*.

– Quel est votre nom ?

Elle ferma les yeux, étrangement embarrassée, comme si elle avait commis une faute de goût.

– Gillian m'appelle Jane.

– Et votre nom de famille ?

Elle plongea son regard dans les yeux bienveillants du médecin. Elle attendit, espérant qu'il l'aiderait, mais il se contenta de fumer en silence.

– J'ai horreur des devinettes, murmura-t-elle enfin. Je vous en prie, dites-moi qui je suis, ce qui m'est arrivé... tout.

– Vous vous appelez Jane Wallcutt. Vous avez été victime d'un accident...

– Quel genre d'accident ?

– Vous ne vous en souvenez pas du tout ?

– Non. (Elle eut une pensée subite :) Mon père a-t-il le teint coloré et les yeux bleus ?

– Pardon ?

– Je crois me souvenir de lui. Du moins, ce *pourrait* être mon père. A-t-il – ou avait-il – les yeux bleus ?

– Il est mort et je ne saurais vous répondre.

– Ah... Tant pis. Parlez-moi de l'accident.

– Vous êtes tombée.

– Tombée ? Il me semble avoir fait une chute autrefois, quand j'étais petite. Je crois... il me semble que, à l'époque aussi, j'ai eu une perte de mémoire.

– Vraiment ? dit-il avec un intérêt non feint. Racontez-moi ça.

– Si vous voulez, mais je... j'ai l'esprit bien confus. Je ne sais jamais si telle chose est arrivée ou si j'ai simplement rêvé. Je crois – je *crois* – que mon père me faisait sauter sur ses genoux et que je suis tombée... et ensuite, je n'ai pas pu me rappeler ce qui s'était passé. Mais peu importe.

Parlez-moi plutôt de l'accident.

– Vous avez été grièvement blessée.

– Où ça ? Aux jambes ? Au cerveau ? Au visage ? Ah ! tant que j'y pense, apportez-moi un miroir, s'il vous plaît. Excusez-moi, je saute d'une idée à une autre. Je me sens... euh, un peu nerveuse aujourd'hui. Vous voulez bien aller me chercher un miroir ?

– Certainement.

Il se leva, écrasa sa cigarette dans une soucoupe en porcelaine, sur la table de chevet, et sortit dans le couloir. Elle trouva qu'il mettait bien longtemps. Au fil des secondes, elle se prit à redouter qu'il fût tout simplement parti sans lui donner le miroir. Elle écarta néanmoins cette pensée, ayant tendance à lui faire instinctivement confiance.

– Docteur !

Il revint aussitôt, comme si la voix de Jane l'avait poussé à se décider. Ses pas résonnèrent dans le couloir et la porte s'ouvrit. Il tenait à la main une glace ovale d'une vingtaine de centimètres de haut, qu'il venait manifestement de décrocher du mur. Elle était couverte de poussière et avait un cordon fixé au dos. Sans un mot, il la tendit à Jane, qui, au lieu de se regarder tout de suite, leva les yeux vers le médecin. Il l'encouragea d'un sourire. Finalement, elle leva la glace. Celle-ci était de mauvaise qualité et piquée par endroits. Jane dut l'approcher tout contre son visage pour distinguer son reflet.

5

Cela faisait un curieux effet de regarder son visage sans se le rappeler. Il était joli, du moins à première vue : mince, avec des pommettes saillantes, de grands yeux marron et – seul petit défaut – un menton un peu trop proéminent. Comme elle ne le distinguait pas très bien, elle rapprocha encore le miroir.

De plus près, son visage avait un aspect moins lisse. Elle put détecter de fines rides dont elle ne comprit pas l'origine. Celles-ci se trouvaient là où, normalement, les rides apparaissaient avec l'âge – telle cette marque sur son cou – mais, en l'occurrence, on eût dit des cicatrices.

– Qu'est-ce que j'ai au cou ?

– C'est une séquelle de l'accident. Votre larynx...

– Je suis encore dans le brouillard. Quand s'est-il produit, cet accident ?

Il hésita, haussa les épaules.

– En novembre.

Elle répéta le mot lentement, comme s'il lui fallait l'entendre un certain nombre de fois pour en saisir toute la signification.

– Novembre... et nous sommes en mars, n'est-ce pas ?

– Oui. Remarquez, vous faites des progrès de jour en jour. Vous n'êtes pas restée plus de trois semaines dans le coma.

– Trois semaines ! Je... par moments, je... je voudrais pouvoir distinguer le rêve de la réalité. Je vois des visages masqués...

– Ça, c'est sans doute un souvenir réel. Vous avez vu beaucoup de médecins quand vous êtes sortie du coma. Avant votre venue ici.

– Ai-je vu aussi d'autres personnes ? Je veux dire... est-ce que j'ai... euh, des sarpents ?

– Des sarpents ? répéta-t-il, déconcerté.

– Vous savez... des gens qui font partie de ma vie... qui sont mes...

– Ah, des parents ! Non. En tout cas, aucun parent proche. Vous n'êtes pas mariée, et vos père et mère sont décédés.

– Pas de frères ? Pas de sœurs ?

Il secoua négativement la tête.

– Est-ce que *quelqu'un* est venu me voir ?

– Oh ! oui. Des amis et votre tuteur. Entre parenthèses, votre tuteur est également votre «trustee[1]». Il connaît votre famille depuis des années. C'est lui qui a signé... qui a donné aux chirurgiens l'autorisation de faire le nécessaire.

– Il y a tant de choses que je voudrais savoir. Quels amis sont venus ? Qui sont-ils ? A quoi ressemble mon tuteur ?

– Du calme. On ne peut pas récapituler une vie en une heure.

– Oh ! je vous en prie, ne partez pas déjà. Est-ce que je remarcherai un jour ?

– Certainement. Ne vous faites pas de souci pour ça. D'ailleurs, il n'y a rien qui vous empêche de marcher dès maintenant, à part le fait que vous êtes alitée depuis très longtemps. Et puis, bien sûr, le choc que vous avez subi...

– Quelles sont ces marques sur mes jambes ?

Il regarda les cicatrices, puis détourna les yeux en prenant une profonde inspiration.

– Il a fallu prélever des bouts de peau sur la face antérieure de vos cuisses pour les greffer sur votre visage.

1. Personne investie de la propriété d'un bien mais qui doit le gérer au profit d'une autre (N.D.T.).

On appelle ça une greffe en pastilles. On pince la peau et on la découpe pour la greffer aux endroits voulus. Les transplants croissent ensemble et se régénèrent. Malheureusement, les cicatrices de votre cuisse resteront en l'état. L'important, c'était votre visage.

– Qu'est-ce que j'ai eu au visage ?

Il répondit avec circonspection :

– Euh... il a été gravement atteint. Compte tenu de... euh... des dégâts, il a fallu pratiquer un certain nombre d'opérations, et notamment découper les tissus malades. Nous en discuterons plus longuement une autre fois.

– Pourquoi ai-je perdu la mémoire ? Comment se fait-il que je mélange les mots ?

– Vous avez été blessée à la tête, vous savez. Vous souffrez d'amnésie, mais je suis sûr que ça s'arrangera avec le temps. Le cerveau humain est l'un des mécanismes les plus complexes...

– Mon cerveau a-t-il été très endommagé ?

– Vous avez eu beaucoup de chance. J'ai vu des cas de chute où... bref, pour en revenir à votre cas, vous avez eu une sévère commotion. Vous êtes restée trois semaines dans le coma, et il s'est produit une petite hémorragie qui a entraîné le gonflement des tissus cérébraux... Quoi qu'il en soit, c'est un problème qui s'arrange très progressivement. Le saignement intracrânien provoque une augmentation de la pression à l'intérieur du cerveau, ce qui porte atteinte aux fonctions cérébrales.

Elle semblait avoir perdu le fil de ce qu'il disait. Prenant le miroir, elle s'examina de nouveau. Avec le temps, avec du fond de teint ou un beau bronzage, elle parviendrait peut-être à camoufler les imperfections. En tout cas, si elle se comparait aux femmes qu'elle avait rencontrées jusqu'à présent – Gillian, Adeline, la cuisinière, l'infirmière –, elle était d'une beauté ravageuse.

– Puis-je garder la glace ? Il y a un clou, là, sur le mur.

– Certainement, dit-il en accrochant le miroir.

Sans chercher à suivre le cheminement de ses pensées, elle s'enquit :

– Etes-vous marié ?

Il eut un petit sourire.

– Non.
– Pourquoi donc ?
– J'ai été trop occupé à répondre à des questions.
Il se dirigea vers la porte-fenêtre, l'ouvrit.
– Je n'ai pas envie que vous partiez, dit-elle. Pensez-vous que je devrais voir un... euh... un de ces médecins qui aident à retrouver la mémoire ?
– Un psychiatre ?
– C'est cela. Pensez-vous que je devrais en voir un, pour qu'il me dise si mon problème n'est pas uniquement d'ordre physique ?
Il la regarda d'un air interrogateur.
– Pourquoi posez-vous cette question ?
– Je ne sais pas... je... une simple impression...
– Bon, nous verrons.
Il sortit par la porte-fenêtre et s'arrêta pour bavarder avec l'un des malades. Elle perçut son changement d'intonation tandis qu'il se lançait dans un babillage frivole, inepte. «Au moins, pensa-t-elle avec gratitude, il ne me parle pas de cette façon.»
Jane Wallcutt... Qu'était-il arrivé à ses parents ? Pourquoi ne parvenait-elle pas à évoquer le plus infime souvenir d'un visage aimant, d'une voix tendre ? Si : il y avait quand même l'homme au teint coloré et aux yeux bleus...
Dehors, dans le couloir, elle entendit un léger trottinement. Quelle monstruosité allait-elle encore voir apparaître ? se demanda-t-elle avec appréhension. En tout cas, ça ne devait pas être dangereux. On n'aurait certainement pas laissé les malades rôder en liberté s'ils avaient été dangereux. A moins qu'il n'y eût des chambres secrètes – caves, greniers – où étaient enfermées des créatures rampantes et grondantes, pas tout à fait humaines, des créatures capables de déchiqueter et de tuer, qui pouvaient peut-être s'échapper ?
Elle vit la porte pivoter sur ses gonds, apparemment sans intervention extérieure. Elle resta un moment sans réagir, puis ouvrit la bouche pour appeler. A cet instant, un petit chien insignifiant entra dans la pièce.
– Oh ! haleta-t-elle.
Lorsqu'elle eut retrouvé sa respiration, elle se pencha sur le côté du lit :

– Viens là... approche.

Comme le chien la regardait d'un air interrogateur, elle tapota le matelas en un geste d'invite. Aussitôt, il bondit près d'elle en remuant la queue et les oreilles. Elle le prit dans ses bras et, malgré la mauvaise odeur qu'il dégageait, le serra contre son visage. Il se mit à lui lécher la figure, nichant sa tête contre le cou de Jane pour l'inciter à continuer ses caresses. La courbe de ce corps recroquevillé contre sa poitrine avait quelque chose de douloureusement familier qui éveilla en elle un autre souvenir. A une époque lointaine, elle avait fait ce même geste... sans doute avait-elle eu un chien. Si elle parvenait à se remémorer la couleur et la race de l'animal, cela lui évoquerait peut-être autre chose, lui montrerait un autre tournant de la route. Mais, au lieu de l'image espérée, elle n'aperçut que le reflet des branches d'arbres dans la glace que le médecin avait accrochée au mur.

Et voici que, dans le limpide miroir
Suspendu devant elle du matin jusques au [soir,
Les ombres du monde commencent à se [mouvoir.

C'était curieux, cette obstination à se souvenir de textes et non de faits précis. Elle avait fouillé sa mémoire à la recherche d'un petit corps tendre, d'une sensation d'amour qui lui déchirait la poitrine, et elle se retrouvait avec *La Dame de Shalott*. Peut-être s'agissait-il d'un avertissement. Qu'arriverait-il si, pour fuir les ombres, elle aussi, elle partait sur le fleuve ? *A en avoir le sang gelé, tout doucement/ Et les yeux obscurcis, douloureusement...*

L'entrée de Zee la ramena à la réalité. Vêtue d'un élégant tailleur vert en laine, les cheveux enveloppés dans un turban, l'infirmière faisait très chic. Se méprenant sur le regard que lui lançait Jane, elle expliqua :

– Votre tuteur a pensé qu'il n'y avait pas d'inconvénient à ce que je porte vos vêtements. Les vieux, j'entends. Vous étiez... enfin... ça paraissait dommage de ne pas les utiliser.

Jane éprouva une sensation bizarre au creux de l'estomac, comme si elle avait un aperçu de l'avenir et assistait à son propre enterrement. Après tout, il aurait fort bien pu y avoir un enterrement, à très peu de choses près. Pendant toute la durée de son coma, pendant qu'elle était un objet végétatif, inutile, nécessitant des soins constants, les survivants s'étaient partagé ses dépouilles.

– Ne vous en faites pas pour le tailleur, dit-elle. Vous pouvez le garder. Je ne l'avais même pas reconnu.

– Vraiment ?

Les yeux de Zee s'étrécirent et se détournèrent vivement. De nouveau, Jane eut peur. Peut-être n'aurait-elle pas dû avouer qu'elle était incapable d'identifier ses vêtements, car Zee pourrait en profiter pour lui prendre n'importe quoi. Pour la première fois depuis qu'elle avait complètement repris conscience, elle se rendit compte à quel point elle était impuissante. Elle était sans recours, à la merci de Zee, de toutes les créatures qui hantaient la clinique, de son tuteur inconnu, du médecin lui-même.

– ...regardé le ciel et il a dit : «Regarde, tante Zee, Dieu est en train d'écrire !» Adorable, non ?

– J'aimerais bien connaître un jour votre neveu, dit Jane, toute surprise de constater qu'elle était sincère.

– C'est vrai ? s'exclama Zee avec excitation. Je pourrai peut-être profiter d'un jour de congé pour le ramener ici et le garder pendant une semaine.

– Nous demanderons au docteur.

Zee alla dans sa chambre troquer le tailleur vert contre son uniforme, puis elle aida Jane à se préparer pour le dîner. Tout en poussant le fauteuil roulant sur la terrasse, elle dit :

– Ce n'est pas encore l'heure. Vous permettez que j'aille bavarder un moment avec Gillian ?

Sans attendre l'autorisation, elle laissa sa patiente dans le jardin, où régnait une agréable chaleur, et se dirigea rapidement vers la cuisine.

Jane, qui cherchait de la compagnie, elle aussi, s'engagea dans le sentier. Le jardinier sortait de la cabane à outils, les bras chargés de détritus à brûler. Désireuse de parler avec quelqu'un de normal, elle lui dit :

– Bonjour. Je ne pensais pas qu'il y eût tant de choses à faire dans un jardin à cette époque de l'année.

Elle décela dans sa voix une note d'anxiété qui lui

rappela des personnes âgées, solitaires, qu'elle avait dû connaître autrefois.

Avant qu'il ait pu répondre, Bonnie, qui l'avait manifestement suivi, fit son apparition et prit un bout de papier dans le tas qu'il avait dans les bras. Il la chassa d'un «Oust!» péremptoire. Il était aussi naturel avec elle que le médecin – peut-être, pensa Jane, parce qu'il ne se sentait rien de commun avec la naine. Si Jane elle-même avait été parfaitement normale, elle aurait pu avoir un comportement naturel avec Bonnie, elle aussi.

– Oh, je fais juste du nettoyage, dit-il. Et j'ai planté quelques spécimens dans la serre. Le docteur aime bien qu'il y ait des bouquets de fleurs partout. Ça fait plus gai pour les visiteurs.

Elle crut percevoir un brin de sécheresse dans sa voix lorsqu'il fit allusion au médecin.

– Les malades reçoivent-ils beaucoup de visites ? s'enquit-elle vivement, pour le retenir encore un peu.

Elle se demanda ce qui pouvait amener un homme d'une trentaine d'années, apparemment cultivé, à prendre un emploi de jardinier.

– Certains, oui. Pas Bonnie. Elle, ses parents sont morts depuis longtemps... le choc de *la* voir, sans doute. Elle bénéficie d'une rente qui pourvoit à ses besoins. Marlene a un frère et une sœur qui viennent la voir à peu près tous les mois. Ils multiplient les démarches auprès des tribunaux pour obtenir le contrôle de son argent avant qu'elle le lègue en totalité à son église. Richard, lui...

– Réussiront-ils ?

– Quoi donc ?

– A obtenir le contrôle de son argent.

– Eh bien... ce n'est pas aussi facile qu'on pourrait le croire. On entend bien parler de certains malades que leurs proches font interner pour s'approprier leur pécule mais, de nos jours, les tribunaux protègent les gens comme Marlene.

Il se détourna pour partir, mais elle le retint :

– Je ne crois pas savoir votre nom.

– Kirk. Kirk Tyner.

– Kirk, avez-vous vu l'une ou l'autre des personnes qui sont venues *me* rendre visite ?

– Non, je ne suis pas ici depuis longtemps. L'ancien jardinier du docteur a pris sa retraite.

Une autre patiente les croisa, une très jeune femme qui, avec sa tête ronde et ses yeux protubérants, ressemblait à une citrouille ajustée sur un manche à balai.

– Superbe journée ! leur lança-t-elle. Superbe journée !

De la cuisine, Gillian appela :

– Kirk, il me faudrait des raisins et de la farine. Pourriez-vous aller m'en chercher au village ?

Il agrippa les poignées de la brouette mais, avant de s'éloigner, il demanda à Jane :

– Voulez-vous que je vous rapporte quelque chose ?

C'était là une nouvelle donnée qui ouvrait toute une gamme de possibilités.

– Euh... attendez...

Elle s'interrompit, ne sachant pas où se procurer de l'argent. Personne n'avait encore abordé ce problème.

– Pas aujourd'hui, merci. Mais une autre fois, je ne dis pas non.

Il s'éloigna avec son chargement, la laissant à nouveau seule. Elle regarda les coteaux ondoyants et renifla l'air parfumé, se demandant ce qu'il y avait derrière la colline la plus proche. La clinique était manifestement très isolée car, à part les malades et les membres du personnel, Jane n'avait pas rencontré âme qui vive. Toutes sortes d'émotions et de désirs la submergeaient. Elle éprouvait un nombre incalculable d'envies inexprimables. Certaines de ces envies étaient liées au besoin de savoir ce qu'il y avait de l'autre côté de la colline, comme si elle entendait au loin l'appel des pipeaux ; d'autres avaient trait à des expériences dont elle ignorait la nature ; enfin, les moins importantes concernaient le besoin de goûter un plat – ou un breuvage ? – qu'elle n'avait pas encore rencontré ici mais qui, naguère, lui avait été familier. Tandis qu'elle s'efforçait d'en retrouver le nom dans le fatras spongieux de son cerveau, elle fut distraite par un bruit de moteur. La voiture, au lieu de passer sans s'arrêter, s'engagea dans l'allée de la clinique. A cette heure tardive, il ne pouvait s'agir d'un visiteur ; d'ailleurs, ce n'était pas encore le week-end. Sans doute une camionnette de livraison.

Mais le véhicule était une Cadillac noire flambant neuve, qui se gara non loin de Jane. Un homme en descendit et se dirigea droit vers elle. Jane supposa qu'il s'était égaré et allait lui demander son chemin. Il était blond, menu, et elle eut la conviction intime que c'était un étranger, en ce sens que non seulement elle ne le connaissait pas mais elle ne l'avait jamais connu. Il était extrêmement bien habillé mais elle jugea son aspect déplaisant, sans pouvoir expliquer l'origine de cette impression désagréable. Sa tenue n'était pourtant pas voyante ; seulement trop impeccable, comme si les vêtements coûteux étaient une chose toute nouvelle pour lui. Il portait un costume bleu marine à fines rayures, une chemise bleu clair, une cravate à motifs sombres, des chaussures apparemment faites à la main, et sa toilette comportait toutes sortes de détails qui avaient dû exiger une longue finition. Elle vit aussi un diamant étinceler à son doigt. L'homme était mince, mais pas à la manière du médecin (qui respirait la santé) ; sa minceur à lui trahissait des privations précoces. Ses cheveux blonds étaient un peu trop longs et très souples.

– Bel endroit, dit-il à Jane. Quand on aime la campagne, ce qui n'est pas mon cas.

Sa voix était celle d'un homme vivant en plein bled ... ou dans les montagnes, elle n'aurait su préciser.

– Euh... puis-je vous aider ?

Plus du tout désireuse d'avoir de la compagnie, elle se sentait inexplicablement mal à l'aise.

– Drôlement rupin, en plus, pour ce que c'est.

Le mot «rupin» intrigua Jane, non parce qu'elle en ignorait le sens, mais parce que l'établissement ne lui donnait pas l'impression d'être particulièrement luxueux.

– Trois cent cinquante billets par semaine au bas mot, enchaîna-t-il. Peut-être même plus.

– Je vous demande pardon ?

De quel puits de sa mémoire avait-elle sorti ce froid et distant «Je vous demande pardon ?», dressant une infranchissable barrière entre eux ?

L'homme n'était pas stupide. Il lui lança un regard acéré.

– Drôlement rupine, vous aussi, pas vrai ? dit-il d'une

voix traînante. Pour une bonne femme qui se souvient de rien, j'entends.

Il ne la regardait pas. Avec une désinvolture affectée, il sortit de sa poche de poitrine un étui à cigarettes et un briquet, tous deux en or, dont la surface luisante était incrustée d'un diamant. Lentement, avec application, il alluma une cigarette de luxe en rejetant la fumée comme si c'était un objet précieux.

– Que... qu'avez-vous dit ? Que je ne me souviens de rien ?

Il la regarda d'un air innocent.

– J'ai dit ça, moi ?

– Comment savez-vous que j'ai perdu la mémoire ?

– Oh ! je sais rien du tout. Simple intuition. Quand on voit une dame comme vous dans un endroit comme celui-là... (Il agita sa cigarette)... on se doute qu'il y a *quelque chose* qui cloche. Comme vous avez pas l'air d'une dingue, je me dis qu'il doit s'agir d'une maladie tout ce qu'il y a de distingué, et j'en arrive tout naturellement à la conclusion que vous avez perdu la mémoire.

– Qui êtes-vous ?

– Evidemment, y en a certains – pas vous, m'dame – mais certains, qui pourraient juste faire semblant de pas se rappeler.

– Dans quel but ?

Pourquoi ne regagnait-elle pas sa chambre, au lieu de poursuivre cette insolite conversation ?

L'homme examinait le bâtiment principal, l'annexe, les bois et les champs avoisinants, comme s'il gravait les lieux dans sa mémoire. Aux yeux de Jane, le jardin n'était plus un endroit sûr et les collines n'avaient plus rien d'engageant. Tournant la tête, elle ne vit personne d'autre que Beth ; elle se demanda si Gillian l'entendrait au cas où il lui faudrait crier.

– Oui, bel endroit, reprit-il avec amabilité. Très agréable. Pas pour moi, mais pour certains. Je veux dire... c'est beaucoup plus agréable que d'autres choses que je pourrais énumérer.

– Quel genre de choses ? s'enquit-elle, sachant que c'était la question qu'il attendait.

Jane voyait bien qu'il jouait avec elle comme un chat

avec une souris, et elle s'en trouva un peu rassurée. Il était comme un enfant : il ne voulait pas que le jeu se termine trop vite. Malgré tout, un esprit puéril dans un corps d'adulte pouvait se révéler dangereux.

– Oh ! plus agréable que... qu'un incendie, par exemple.

Il attendit. Comme elle ne disait rien, il lui lança un regard en coin, mais elle garda une expression étonnée, innocente. Désappointé, il dit :

– Plus agréable qu'un accident...

– Quel genre d'accident ?

Cette intervention le combla d'aise.

– Toutes sortes d'accidents : tomber par la fenêtre... se noyer... se faire taillader...

– Qu'êtes-vous venu faire ici ?

Cette question-là, en revanche, était hors de propos. Contrarié, il entreprit d'allumer une autre cigarette, avec les mêmes gestes étudiés.

– Le fait est que vous vous la coulez douce ici, m'dame. Rien d'autre à faire que de manger et de rester assise au soleil. Pourquoi gâcher ça ?

– Qu'essayez-vous de me dire ?

Elle sentait qu'il était important de savoir où il voulait en venir. Dans sa puérilité, il risquait d'exprimer son message en termes trop sibyllins.

– *Moi ?* Vous dire quelque chose à *vous*, m'dame ? (Ce fut son tour d'avoir l'air étonné.) Je me permettrais pas de dire quoi que ce soit à une dame comme vous. C'est juste un commentaire en passant. Je dis que la vie est agréable, ici, et que si c'était *moi*, j'y changerais rien. C'est vrai, pourquoi s'embêter avec des toubibs sophistiqués... comment on les appelle, déjà ?... vous savez, ces toubibs qui vous aident à retrouver des souvenirs que vous avez pas forcément intérêt à retrouver ?

Paradoxalement, ce fut *elle* qui, cette fois, fournit le mot.

– Des psychiatres ? dit-elle d'une voix lente.

Elle s'aperçut avec stupeur qu'elle avait abordé ce sujet pour la première fois l'après-midi même, avec le médecin.

– Ouais, dit-il, c'est ça. Pourquoi s'embêter ? Si je

me la coulais douce, moi, j'y changerais rien. Je ferais l'andouille et je chercherais pas midi à quatorze heures.

– Comment savez-vous que j'ai parlé d'un psychiatre avec le Dr Stires cet après-midi ?

De mieux en mieux. Les progrès de Jane le ravirent. Il redressa sa cravate, astiqua son diamant, chassa d'une pichenette les cendres tombées sur sa manche.

– *Moi*, je saurais de quoi vous avez discuté avec le docteur ? Jamais de la vie, m'dame ! Je faisais la conversation, sans plus. Mon opinion, c'est qu'il faut jamais aller au-devant des ennuis. Y en a certains qui se portent mieux sans mémoire. «Certains», je dis bien. Je pense à personne en particulier. C'est ce qu'on pourrait appeler une... une...

De nouveau, elle trouva l'expression juste :

– Une conversation impersonnelle ?

– Voilà. Vous avez un sacré vocabulaire, dites donc... pour quelqu'un qui se souvient de rien.

– Qui vous a envoyé ?

– *Envoyé ?* répéta-t-il, offensé. *Moi*, m'dame, je suis envoyé par personne. Je passais devant cette belle maison et, comme j'aime découvrir de nouveaux endroits, je me suis arrêté pour jeter un coup d'œil. J'aime partir à la découverte. J'aime bavarder avec les gens, avoir des... vous savez... des conversations impersonnelles avec eux. C'est la seule manière d'apprendre. Bien meilleure que la lecture. J'ai jamais été très porté sur la lecture. Ça donne des idées fausses. Ce que je veux dire, c'est que les *gros* pontes, les gens *importants*, ils *font* des choses. Ceux qui écrivent des livres... ceux-là, ils savent rien *faire*. Alors à quoi ça sert, les livres ?

Il éteignit sa seconde cigarette, la piétina dans l'herbe avec une délectation manifeste. Etait-ce uniquement parce que cela lui donnait l'occasion d'admirer ses chaussures, ou parce qu'il prenait plaisir à écraser quelque chose ?

– Bon, j'ai été ravi de causer avec vous, mais faut que je me sauve.

Il ne bougea pas pour autant. Peut-être avait-il le sentiment de s'être montré trop subtil, de ne pas s'être bien fait comprendre.

– Vous savez, à force de me balader comme ça à

droite et à gauche, j'en arrive à connaître des tas de gens. J'ai des tas d'amis... *partout*.

Il lui lança un regard appuyé.

– Vous voulez dire que vous avez des amis *ici* ? demanda-t-elle.

Mais il refusa de se compromettre :

– Ma foi... je ne dis pas exactement ça. Ce que je dis, c'est que j'ai beaucoup d'amis et que je *pourrais* très bien en avoir ici.

Enfin convaincu d'avoir créé une œuvre d'art, il tourna les talons et remonta dans sa Cadillac. Il démarra en faisant grincer les vitesses et s'éloigna à toute allure.

Jane resta immobile à écouter le bruit du moteur jusqu'à ce que la voiture eût disparu. Dès que le ronronnement se fut estompé, elle remua enfin, comme délivrée d'un sortilège. On eût dit que l'homme n'avait jamais existé, à part qu'il avait laissé derrière lui les effluves d'un coûteux parfum... et autre chose encore. Mais cela, elle n'avait pas de mots pour l'exprimer.

Ce furent d'autres mots qui lui vinrent à l'esprit : *Laissant là quenouille et rouet,/Elle fit trois pas avec lenteur./Elle vit le nénuphar en fleur,/Elle vit le casque et le plumet...*

Quelle était la suite ? Il était question d'un miroir qui se brisait de part en part, puis : *«La malédiction est sur moi !» cria la dame de Shalott.*

La malédiction est sur moi... Jane manœuvra rapidement son fauteuil roulant et regagna l'abri de sa chambre, de son lit, des saines lectures qui garnissaient son étagère.

On ne pouvait se méprendre sur le sens du message que l'homme lui avait transmis. Elle ne devait en aucun cas retrouver la mémoire, et quelqu'un la surveillait pour s'assurer qu'elle ne la retrouve pas.

6

Alors même qu'elle rêvait, elle sentait que son rêve était familier et qu'elle l'avait déjà fait bien des fois. Il commençait par des images floues, agaçantes : une rue grise, une devanture de magasin avec une draperie pour tout ornement, des visages inconnus, des voix impossibles à identifier... Puis une femme disait :

– Si seulement les enfants voulaient bien écouter les conseils de leurs aînés ! Que de déboires ils s'épargneraient !

Une autre voix – la sienne – répondait :

– Chacun doit apprendre par expérience, tu sais.

– Te souviens-tu de cette phrase de *Tess d'Urberville* à propos de «l'expérience qui rend inapte à poursuivre son voyage» ? Parfois...

– Allons, maman ! La seule façon de ne pas connaître d'expériences, c'est d'être mort.

Quelqu'un riait. D'un rire agréable, haut perché. Et le décor avait changé.

– Goûte-moi un de ces sandwiches au cresson.

C'était une autre femme qui parlait, d'un ton maternel. Une femme qu'elle connaissait très bien...

– Tu ne vas pas t'y mettre, toi aussi ?

Sa voix à elle, légèrement accusatrice.

– Ecoute, ma chérie, tu es terriblement jeune...

– Tout le monde me rebat les oreilles avec mon âge !

La jeunesse est une maladie qui se guérit d'elle-même. Quel âge avais-tu, *toi*, quand tu t'es mariée ?

– C'était différent. Nos deux familles se connaissaient depuis des années.

– Je parie que c'est maman qui t'a dit de me sermonner. Ecoute, quand on est amoureux, on ne tient pas compte de l'opinion des autres ; sinon, c'est qu'on n'est pas vraiment amoureux.

– Au moins, ne te lance pas tête baissée. J'ai entendu des rumeurs sur son compte. Des rumeurs très déplaisantes.

– Je ne veux pas les entendre.

– Il le faut pourtant. Si tu l'épouses, tu gâcheras ta vie...

La pièce s'estompa. Ç'avait été une pièce ensoleillée, qui n'évoquait pour elle que des sensations agréables ; mais maintenant, Jane était dans un autre endroit et elle avait peur. Elle marchait d'un pas pressé dans une rue sombre mais, ce qui l'angoissait, ce n'était pas l'obscurité : c'était la visite qu'elle devait faire. L'appréhension lui nouait l'estomac, comme à l'époque où, au lycée, elle devait se lever pour faire un exposé devant la classe.

Elle se tenait derrière une porte. Tout autour d'elle, la terreur était épaisse et brûlante comme de la vapeur. Pourquoi faisait-il encore noir ? Le hall avait été éclairé... non, elle était dans un petit vestibule et on ne distinguait qu'un rai de lumière sous la porte du salon. Que faisait-elle là ? Si jamais quelqu'un sortait et lui posait la question ? S'ils la surprenaient à écouter dans le noir, que se passerait-il ?

Leurs voix étaient étouffées ; il était difficile d'entendre ce qu'ils disaient. Elle devait pourtant savoir. L'enjeu était d'importance. Ils parlaient si bas qu'elle percevait seulement un murmure caverneux, incompréhensible ; mais, de temps à autre, l'un des participants s'excitait et elle entendait alors des phrases entières :

– ...une fortune pour lui. N'allez pas plus loin que trois mille...

Cette voix appartenait à une personne inconnue. Que se passerait-il si elle entrebâillait la porte de quelques millimètres ? Les gonds grinceraient-ils ? Elle eut beau pousser, le panneau ne céda pas.

– Il doit bien se rendre compte qu'il se fera prendre. Qu'est-ce qui vous prouve qu'il ne reculera pas ?

Cette voix-là, elle la reconnut. Elle la connaissait mieux que sa propre voix.

Silence. Bruits impossibles à identifier. Puis :

– ...plaidera la folie. Il veut faire quitter le pays à sa famille. Non, il ne reculera pas. D'ailleurs, nous avons pris d'autres dispositions...

Elle n'entendit pas la question qui suivit, mais elle perçut un rire. Puis des raclements de chaises. La panique enfla dans sa poitrine. Elle courait à nouveau, courait dans les ténèbres tourbillonnantes. Il lui sembla qu'elle était suivie... non : c'était seulement un ivrogne, assis sur le trottoir, qui s'était levé pour lui emboîter le pas...

Elle se dressa sur son lit. Sa poitrine était une cage dans laquelle un animal affolé cognait pour sortir. Elle se crut sur le point d'étouffer. Qu'est-ce qui avait bien pu la terrifier ainsi ? Quelque chose de terrible s'était produit... non : *allait* se produire, et elle était la seule à pouvoir l'empêcher. Mais de quoi s'agissait-il ? Si seulement elle arrivait à s'en souvenir, elle pourrait éviter une épouvantable catastrophe.

Mais ce n'était qu'un rêve. Elle avait fait un cauchemar et, pour une mystérieuse raison, elle s'était persuadée qu'elle était la seule personne en mesure de prévenir un drame. Qu'est-ce qui l'avait réveillée ? La peur, ou... Non, c'était un bruit dans le couloir. Où donc était-elle ?

Peu à peu, la chambre prit forme. La table de chevet, la chaise, le vase...

Elle était à la clinique, dans l'établissement du Dr Stires, et elle n'avait rien à craindre. Par la fenêtre, elle voyait les grosses branches des arbres, gorgées de bourgeons, et le paysage qui, à la lueur nacrée de la lune, paraissait à moitié caché sous un coquillage. Si elle parvenait à l'ouvrir, elle verrait le mystère dissimulé à l'intérieur.

Encore un bruit dans le couloir. Le chien, sans

doute... Comment s'appelait-il, déjà ? Hopeless ?[1] Helpless ?[2]

Si elle cessait de se laisser distraire par des bruits extérieurs, peut-être arriverait-elle à se remémorer le rêve. Elle devait absolument se rappeler quelle était cette catastrophe imminente ; c'était vital. Elle se rallongea mais, à peine la tête sur l'oreiller, elle perçut de nouveau l'aura maléfique. Effroyablement proche.

A cet instant, elle entendit un cri dans le couloir. Comme mue par un ressort, elle se dressa brusquement, sortit ses jambes du lit. Prise de vertige, elle se cramponna à la table pour se retenir.

– Zee !

Les sons provenant du couloir se succédaient maintenant à un rythme saccadé : des coups secs, feutrés, comme si quelqu'un cognait contre le mur. Ces bruits ne semblaient pas menaçants, mais leur origine mystérieuse suffisait à effrayer Jane.

– Zee ! Gillian ! Zee !

Les ressorts du lit de Zee gémirent, un interrupteur cliqueta et l'infirmière apparut, vêtue de sa seule chemise de nuit. Elle se frottait les yeux et frissonnait un peu.

– Que... qu'est-ce qui se passe ?

– Le couloir... vite ! Il y a quelque chose... non, attendez, soyez prudente... Ah ! si seulement je pouvais marcher...

Zee alluma le plafonnier de la chambre de Jane. Elle hésita, puis, avec d'infinies précautions, ouvrit la porte donnant sur le couloir. Il n'y avait manifestement pas de danger, car elle ouvrit tout grand le panneau et sortit sur le seuil.

Tout d'abord, Jane ne comprit pas ce qui se passait. Dans le couloir, une créature en robe de chambre était recroquevillée par terre, tel un fœtus ; soudain, sans avertissement, une convulsion spasmodique écartela tous ses membres. Le phénomène se répéta, encore et encore : la créature se contractait et se détendait, la tête rejetée en arrière, les yeux exorbités, la bouche écumante. Une flaque

1. Sans espoir.
2. Désemparé.

s'élargissait sous la partie inférieure du corps. La tête et les talons cognaient le plancher en cadence, à un rythme hideux.

Paralysées de stupeur, les deux femmes contemplèrent la scène. Brusquement, Adeline, qui couchait dans l'annexe, arriva en courant et s'agenouilla près de la créature. Elle avait à la main un abaisse-langue qu'elle glissa vivement dans la bouche grande ouverte. Il y eut un gargouillis, un soupir rauque, puis les convulsions cessèrent. La forme allongée sur le plancher cessa de gesticuler et Jane reconnut Beth, celle qui parlait toujours de son frère.

Zee et Adeline la soulevèrent et la transportèrent au bout du couloir. Zee reparut quelques instants plus tard, apparemment secouée.

– C'est la première fois que j'assiste à une crise. Impressionnant, hein ?

Jane prit une profonde inspiration et ferma les paupières, aussi épuisée que si c'était elle et non Beth qui avait été prise de convulsions. Les blessures qu'elle avait subies risquaient-elles un jour de provoquer ce genre de crise ? Supposez qu'on la voie dans cet état, *elle* ?

Zee lui tapota son oreiller et éteignit la lumière. Cependant, avant de la laisser partir, Jane lui demanda :

– N'avez-vous pas le sommeil un peu lourd pour une infirmière ?

– Moi ? dit Zee, sur la défensive. Je *vous* entends chaque fois que vous avez besoin de quelque chose. On est toujours sur le qui-vive quand on a la responsabilité de quelqu'un. C'est comme une mère : elle entend pleurer son bébé même s'il est à l'autre bout de la maison.

– C'est vrai ? dit Jane avec intérêt. Eh bien... bonne nuit.

Après le départ de Zee, elle ne put dormir. Elle observa les arbres, dehors, en s'interrogeant sur leur métamorphose nocturne. De jour, ils faisaient penser à des modèles décoratifs attendant d'être peints ; mais la nuit, ils devenaient des espions guettant ses moindres mouvements.

Ça, c'était une pensée morbide. Au fond, qu'est-ce qui lui prouvait qu'elle n'était pas aussi déséquilibrée que les autres ? Elle ne cessait de se répéter qu'elle était différente, mais n'était-elle pas – à sa manière – tout aussi monstrueuse que Beth ? Ses convulsions à elle étaient cachées, voilà tout.

Ses pensées continuèrent à tourner ainsi en rond, tantôt déprimantes au point d'en être insupportables, tantôt simplement irritantes. Des images et des voix issues d'une existence antérieure défilaient dans son subconscient, si rapidement qu'elle ne pouvait en discerner la signification. Juste avant de sombrer dans le sommeil, elle eut à nouveau conscience de l'aura maléfique qu'elle avait perçue un peu plus tôt, et une autre phrase s'insinua dans son esprit : «Une chose est sûre : il y passera, quel que soit celui qui appuie sur la détente...»

7

– Comment était-il, physiquement ? demanda le médecin.

Sa voix avait une intonation bizarre, que Jane ne lui avait encore jamais entendue et qu'elle ne put s'expliquer.

– Il était de petite taille, mince, blond... D'une certaine manière, on pourrait dire qu'il était plutôt bien de sa personne. Il avait les cheveux luisants de... euh...

– De brillantine ?

– Oui. Et il était habillé très... comment vous dire ?... très luxueusement, mais sans élégance. On voyait bien que ce n'était pas, euh...

– Un gentleman ? dit-il avec un léger sourire.

– Voilà. (Elle lui rendit son sourire.) Et il parlait avec un fort accent. Il...

– Vous voulez dire que c'était un étranger ?

– Non. Il était américain, mais d'une autre région... je ne saurais dire laquelle.

– Alors, que s'est-il passé ?

– Il m'a paru menaçant, mais je ne suis pas sûre qu'il ait proféré des menaces à proprement parler. Il a laissé entendre que j'avais tout intérêt à ne pas retrouver la mémoire.

– Comment ça, «tout intérêt» ?

Au moment où elle allait répondre, elle fut interrompue par l'arrivée de l'aristocratique Marlene. Vêtue avec recherche, au point de porter un chapeau, celle-ci passa devant eux, un sac de graines à la main, et s'arrêta au bout de la pelouse pour donner à manger aux oiseaux.

– Elle a l'air si... si normale, dit brusquement Jane.

– Oui.

Le silence, tel un gaz lourd, remplit l'espace qui les séparait. Jane avait l'air normale, elle aussi.

– Continuez, dit-il enfin.

– Eh bien... il m'a fait comprendre que des espions me surveillaient.

– Des espions ! explosa le médecin.

– C'est ce qu'il a dit. Et ça doit être vrai, car il était au courant de la discussion que nous avions eue ensemble, juste avant, au sujet du psychiatre. Comment l'aurait-il su autrement ?

Le visage du médecin était dépourvu d'expression.

– Ces espions, à quoi sont-ils censés servir ? demanda-t-il.

– A faire en sorte que je ne retrouve pas la mémoire.

– Comment pourraient-ils l'empêcher ?

– J'entends par là que, *si* jamais des souvenirs me revenaient, ils veilleraient à ce que je n'en parle à personne.

– Quel genre de souvenir ?

– Faites-vous l'idiot exprès ? dit-elle, perdant patience pour la première fois depuis qu'elle était à la clinique. Je n'en sais rien, évidemment.

Le médecin alluma une cigarette et fuma un moment en silence, le visage légèrement détourné. Finalement, prenant conscience du temps qui passait et du fait qu'il pouvait lui consacrer seulement une part limitée des deux heures dont il disposait, elle déclara :

– Vous aviez promis de me parler de moi, aujourd'hui. De m'en dire davantage.

– Que désirez-vous savoir ?

– Tout. Du moins, je *pense* que je veux tout savoir. Je ne sais même pas quel âge j'ai.

– Vous avez presque vingt-trois ans. Vous êtes allée dans un collège d'enseignement secondaire. Voyons... je ne connais pas beaucoup d'écoles de filles. Il s'agissait de Bradford, je crois. Est-ce que ça vous dit quelque chose ?

Elle secoua négativement la tête.

Il continua de parler, sa voix monotone se mêlant à l'agréable cliquetis de vaisselle qui provenait de la cuisine, où la bonne préparait le dîner. C'était une journée paisible : le moindre son portait, et Jane entendait le meuglement lointain des vaches. L'air était imprégné de senteurs qui filtraient sous les portes de son esprit verrouillé, envahissant les recoins obscurs, éveillant en elle d'alléchantes visions de délices passées... ou, peut-être, à venir.

– Votre père est mort il y a longtemps... d'une infection rénale, je crois.

Les paroles du médecin étaient aux antipodes des sensations qu'elle éprouvait. Elles étaient complètement en décalage.

– Votre famille ayant une grosse fortune, cela n'a pas entraîné de difficultés financières... Votre mère ne s'est jamais remariée ; vous étiez très proches l'une de l'autre, semble-t-il. Vous avez fait vos études dans diverses écoles huppées... (Elle décela une légère note de dérision dans sa voix)... avant d'aller à l'université, après quoi vous vous êtes occupée d'œuvres sociales pour jeunes enfants. Vous habitiez un hôtel particulier du côté de la Soixante-dixième Rue Est, je crois ; l'été, soit vous alliez en Europe, soit vous séjourniez à Newport. Vous avez également – ou plutôt, vous aviez – une ferme dans le Sud. Tout a été vendu à la mort de votre mère, parce que... bref, personne ne savait quand vous seriez en mesure d'en jouir.

– De quoi ma mère est-elle morte ?

Il tira un moment sur sa cigarette avant de répondre :

– D'une crise cardiaque.

– Quand cela ?

– Il n'y a pas très longtemps.

– Vous voulez dire que c'est mon accident qui en a été la cause ?

– Je crois qu'elle avait le cœur malade depuis quelque temps, dit-il sans se compromettre.

– N'empêche que mon accident l'a sans doute tuée.

Ces mots ne signifiaient rien. Sourcils froncés, elle tenta de happer un souvenir confus. Un souvenir lié à un rêve... Mais, de nouveau, elle fut distraite dans ses pensées. Richard, le malade qui souriait tout le temps, vint vers eux d'un pas nonchalant et ramassa les journaux éparpillés aux pieds du médecin. Il les regarda avec une attention soutenue, comme s'il les lisait.

– Et mon tuteur s'occupe de tout ?

– Oui. C'est lui qui a autorisé... qui a pris toutes les décisions.

– Vous alliez dire autre chose. Autorisé quoi ?

– Ce qui était nécessaire.

– Quand pourrai-je voir ces amis dont vous m'avez parlé ?

– Quand vous voudrez. J'ai les noms et les adresses de tous ceux qui ont téléphoné.

Richard abandonna les journaux et se mit à creuser le sol avec ses mains. Kirk, qui passait par là avec des pots de peinture, lui ordonna d'arrêter de massacrer le jardin. Soudain, une idée traversa l'esprit de Jane :

– Parmi les gens qui ont appelé, y a-t-il un homme qui pourrait être le visiteur que je vous ai décrit ?

– Un homme parlant avec un accent, vous voulez dire ?

– Oui. Ou appartenant à un milieu... euh... populaire.

– Au contraire. D'après leur façon de s'exprimer, ils semblaient appartenir à un excellent milieu.

– Et je n'ai personne d'autre ? Seulement un tuteur et quelques amis ?

– Ce n'est déjà pas si mal. Vous ai-je raconté l'histoire du type qui voulait savoir combien il avait d'amis...

– Vous ne m'avez pas répondu. Je n'ai personne d'autre ?

– Pas exactement.

– Je n'ai jamais vu quelqu'un d'aussi évasif que vous, dit-elle avec impatience. Vous cachez toujours quelque chose. Tout à l'heure, par exemple, pendant que je vous parlais de mon visiteur d'hier, j'ai senti dans votre attitude une certaine... euh... conserve ?

– Réserve.

– C'est cela. Une certaine réserve. Et voilà que vous recommencez. Qu'est-ce que ça veut dire, «pas exactement» ?

– Eh bien... il y a l'homme qui vous accompagnait ce soir-là. Celui qui vous a emmenée au théâtre.

– Au théâtre ?

– Là où vous avez eu l'accident.

– Ça s'est passé dans un théâtre ? Dans quelles circonstances ?

Il prit une profonde inspiration.

– Je vous l'ai déjà dit.

– Pardonnez-moi. J'ai effectivement l'impression que vous me l'avez raconté, mais... C'est terrible, je l'avoue, mais je n'arrive pas encore à faire la différence entre ce qui s'est vraiment passé et ce que j'ai rêvé. Je ne sais jamais à quoi m'en tenir. Remarquez, ça va de mieux en mieux, n'est-ce pas ?

– Oui, sans aucun doute. Il y a eu un incendie.

– Ah...

Quoique n'ayant aucun souvenir précis, elle éprouva une vague réminiscence et n'eut pas envie d'entendre la suite. Elle essaya de changer de sujet :

– D'où viennent ces meuglements ? Y a-t-il une ferme à proximité ?

Il la considéra un moment. Puis :

– Vous avez été brûlée très grièvement.

Elle fut tentée de continuer à parler des vaches, mais l'attitude qu'il avait eue auparavant la fit hésiter. Il l'avait écoutée avec scepticisme, et elle ne voulait pas lui donner à penser qu'elle battait la campagne.

– Et c'est cela qui a provoqué mon amnésie ? demanda-t-elle avec vivacité.

– Non. C'est la chute que vous avez faite. Le balcon où vous vous trouviez s'est effondré.

Le voilà qui s'infiltrait à nouveau sous les portes closes de son esprit, le gaz empoisonné de la peur. Et il était accompagné d'un bruit, le bruit de... Elle faillit plaquer les mains sur ses oreilles mais se retint juste à temps. Elle dit précipitamment :

– Parlez-moi de mon chevalier servant.

Il l'observait attentivement, mais ce fut d'un ton neutre qu'il répondit :

– C'était – ou plutôt, *c'est* – votre fiancé.

– Mon fiancé !

Elle avait enfin trouvé un barrage psychologique. Cette révélation occulta tout le reste.

– Comment est-il ? Est-il venu me voir ? Parlez-moi de lui. Je savais bien que vous me cachiez quelque chose.

– Oui, il est venu, mais vous n'étiez pas très... Il téléphone au moins une fois par semaine.

– Il sait donc que je suis normale ? Enfin... presque normale ?

– Oui.

– Quand pourrai-je le voir ?

– Quand il vous plaira.

– Tout de suite... demain ! Remarquez, il faut d'abord... je ne suis même pas maquillée... (Son regard se posa sur sa main gauche.) Pourquoi n'ai-je pas de bague de fiançailles ?

– Je l'ignore. Vous n'en portiez pas quand on vous a amenée ici. Vous n'aurez qu'à lui poser la question. Au fait, il s'appelle Austin Berquist.

L'absence de bague la tracassait. Encore une anomalie. Rien n'était clair et net... tout se fondait dans les ombres d'un territoire inconnu.

– Comment est-il, physiquement ?

– Oh ! vous approuverez.

Même intonation ironique dans sa voix.

– Avez-vous une photo de lui ?

– A ma connaissance, vous n'en aviez pas dans vos valises. A la mort de votre mère, la gouvernante a emballé toutes vos affaires. Je suppose que les photos sont parties au garde-meubles avec le reste.

– Peu importe. Comment est-il ? Son caractère... son métier...

– Je suis mal placé pour parler de son caractère, mais il m'a l'air sympathique. Il est avocat. Il a fait ses études à Williams... ou à Brown, je ne sais plus.

Elle s'efforça d'évoquer une image, mais rien ne se produisit, pas le moindre déclic. C'était comme en peinture : on avait beau posséder le matériel – toile, pinceaux, tubes de gouache – on n'était pas nécessairement capable de créer une œuvre d'art.

Kirk et Richard étaient de retour. Richard se dirigea vers la balançoire et se propulsa dans les airs. Il y avait quelque chose de tragique à voir un adulte s'amuser ainsi avec un jouet d'enfant. Beth, apparemment remise de sa crise de la nuit précédente, arriva sur ces entrefaites et le regarda se balancer.

– Je voudrais m'acheter quelques affaires avant que mon... euh, avant qu'Austin vienne me rendre visite. Puis-je envoyer Kirk au village ? Et d'abord, ai-je de l'argent ?

– Vous pouvez dépenser autant que vous le désirez, mais... euh, ne confiez pas trop de responsabilités à Kirk. Sans être vraiment malade, il...

– Vous voulez dire... ? Moi qui croyais... Kirk est un patient, lui aussi ?

Il acquiesça d'un signe de tête.

– Je pensais qu'il travaillait ici, dit-elle.

– C'est le cas : il paie ainsi une partie de ses frais d'hospitalisation. En fait, il est épileptique. Remarquez, il est parfaitement normal en dehors de cela, mais... Bref, ce que je veux vous faire comprendre, c'est que la majorité des épileptiques peuvent mener une vie normale et subvenir eux-mêmes à leurs besoins. Mais Kirk semble faire partie de ces infortunés qui continuent à avoir des crises malgré tous les traitements. Sa mère m'a expliqué que les médecins avaient tout essayé et qu'ils avaient finalement décidé de le mettre dans un établissement spécialisé.

Rien n'était conforme aux apparences. Le monde était rempli de gens en proie à des convulsions intérieures. Même un jardinier comme Kirk, homme sympathique et apparemment normal. Ou Marlene. Et pourquoi pas le docteur, au fond ? Ou Gillian ? Ou Zee ? Dans la mesure où il n'y avait aucun signe extérieur...

– Pourquoi aviez-vous une voix si bizarre quand nous avons parlé de l'homme qui m'a menacée hier ? demanda-t-elle.

– Je ne me suis pas rendu compte que ma voix était bizarre.

– Et pourtant, elle l'était. Comme si... comme si...

– Oui ?

– Comme si vous mettiez ma parole en doute.

Il demeura silencieux. Elle éprouva un choc désagréable, le même genre de choc qu'elle avait ressenti en constatant que Zee lui empruntait ses vêtements. Dans un cas, on lui déniait le droit d'avoir des affaires personnelles ; dans l'autre, le droit d'être crue.

Prenant un journal, elle déchira des petits bouts de papier qu'elle laissa tomber sur la pelouse. Enfin, elle dit :

– Je veux voir mon fiancé le plus tôt possible.

– Très bien, dit-il avec douceur.

Il se leva, conscient d'être congédié.

– Je l'appellerai.

Elle le regarda s'éloigner, au comble de la dépression. Elle avait toujours pensé que son amnésie serait temporaire, comme ces brumes matinales que finissent par dissiper les rayons du soleil. Mais peut-être était-ce en réalité le symptôme d'une lésion beaucoup plus grave, une lésion du cerveau que, par sa nature même, Jane ne pourrait jamais sentir. Peut-être s'agissait-il d'une dégénérescence susceptible de provoquer des hallucinations et de donner consistance à des conversations imaginaires, à tout un monde qui n'existait pas. Tout cela – les allusions à sa fortune, son fiancé, la clinique elle-même – pouvait fort bien être des créations de son cerveau.

8

Toute la matinée, elle avait eu l'impression qu'une roulette de dentiste lui vrillait les nerfs. Elle attendait Austin.

Dès l'instant où elle verrait son visage, les souvenirs lui reviendraient peut-être et elle serait à nouveau un être à part entière. Mais cette pensée ne lui procurait nul réconfort. Sa mémoire ne lui dévoilerait pas uniquement une zone précise, à la manière d'un projecteur; elle illuminerait tout, y compris la chose que Jane n'était pas censée se rappeler.

Assise dans son fauteuil roulant, dehors, elle surveillait l'allée. Elle commençait à connaître par cœur le petit pavillon inoccupé qui se trouvait de l'autre côté de la route. Sur la table de jardin, à côté d'elle, le transistor claironnait les nouvelles : découvertes dans l'espace... morts en Asie... émeutes lors de manifestations pour les droits civiques... Et, soudain : «Depuis l'assassinat du gouverneur, une nouvelle loi...»

Un nerf fut touché. De quel gouverneur s'agissait-il ? Le seul gouverneur assassiné, à sa connaissance, était Huey Long... non : il était sénateur à l'époque. D'ailleurs, pourquoi en aurait-on reparlé maintenant ? Il fallait qu'elle se renseigne sur l'actualité récente. Il y avait tant à faire, tant à apprendre; mais elle, tout ce qu'elle faisait, c'était rester assise dans un fauteuil à observer le monde...

– Voulez-vous que je vous conduise au perchoir à oiseaux, mademoiselle Wallcutt ? lui proposa Marlene, la vieille dame aristocratique. On peut voir de merveilleux spécimens à cette époque de l'année. Hier, nous avons eu la visite d'un merle à ailes rouges et de deux cardinaux. Il me semble également avoir vu, d'après la couleur de son plumage, un loriot de Baltimore, mais il a été trop rapide pour moi.

Touchée, Jane répondit :

– Merci, cela me plairait beaucoup, mais ce sera pour une autre fois. J'attends de la visite.

Toujours la discrétion personnifiée, Marlene inclina la tête et passa son chemin. Gillian, qui sortait prendre l'air, s'approcha de Jane d'un pas nonchalant.

– Alors, c'est aujourd'hui le grand jour ? dit-elle avec jovialité.

– Je ne sais pas s'il sera grand, mais c'est effectivement le jour. (Elle se couvrit les joues avec les mains.) Auriez-vous un miroir ?

– Vous êtes parfaite. Franchement, vous avez tellement changé depuis votre arrivée ici que je vous reconnais à peine. Je suis fière de vous.

A cet instant, une petite voiture de marque étrangère s'engagea dans l'allée. Jane se sentit sur le point de défaillir.

– Ne partez pas, dit-elle à Gillian d'un ton implorant.

Mais Gillian, qui était loin d'avoir la discrétion de Marlene, n'avait jamais eu l'intention de s'en aller. Les deux femmes regardèrent la voiture s'arrêter devant le perron. En descendit un homme plutôt grand, bien proportionné, qui se dirigea vers Jane sans la moindre hésitation. Celle-ci était submergée d'émotions dont elle avait du mal à séparer les différentes composantes. Elle ne distinguait pas encore les traits de l'homme, mais il marchait à longues enjambées, d'un pas souple et dégagé. Peu à peu, l'image se précisa. Elle vit d'abord les cheveux bruns, puis le visage allongé, puis le regard distant, totalement inexpressif.

Elle eut alors une réaction à laquelle elle n'était

absolument pas préparée. Elle avait pensé éprouver de l'embarras, ou – avec un peu de chance – une sensation de vague réminiscence, mais ce qui se produisit fut totalement inattendu. Elle ressentit une peur intense. Pas l'ombre d'un souvenir ; seulement de la terreur.

Elle s'humecta les lèvres et essaya de marmonner quelque chose, mais sa voix se fêla. Consciente d'avoir les joues brûlantes et le menton tremblant, elle se traita furieusement d'idiote. Elle se comportait comme une jeune fille incompétente postulant à son premier emploi – ou, pis encore, comme une écolière à sa première soirée dansante. Ce fut Gillian qui prit les choses en mains, faisant des frais pour dissiper le malaise des premières minutes.

– Vous en avez mis du temps ! dit-elle au nouveau venu en agitant l'index avec une feinte sévérité. Cette pauvre petite vous a attendu toute la journée.

Le sang qui afflua à son visage empêcha Jane d'entendre la réponse de l'homme, mais il avait une voix grave, agréable. Incapable de le regarder, elle s'absorba dans des occupations futiles, telles que régler la radio sur une autre station ou suivre des yeux une voiture qui passait sur la route. Pendant qu'elle faisait semblant de s'affairer, il offrit un siège à l'infirmière et s'assit à côté d'elle.

– La trouvez-vous changée ? demanda Gillian.

En entendant la question, Jane interrompit son manège et attendit la réponse. Celle-ci lui sembla longue à venir. Enfin, il dit :

– Non, pas vraiment. On voit simplement qu'elle en a bavé.

Ils continuèrent à parler d'elle comme si elle n'était pas là mais, bien qu'il s'adressât à Gillian, elle sentit – avec un instinct plus infaillible que la mémoire – qu'il s'intéressait uniquement à elle. Cette attention avait quelque chose de nouveau pour Jane, mais elle n'aurait su préciser quoi. En tout cas, cela la stimula, lui procura un sentiment d'excitation qui parvint presque à noyer sa peur.

– M'as-tu reconnu ?

Elle sursauta en s'apercevant qu'il lui avait parlé directement. Elle préférait de beaucoup le voir bavarder avec Gillian. Ne voulant pas avoir l'air d'une débile mentale, elle bredouilla :

– Non... je ne peux pas dire... je n'ai eu aucune savrance.

Le voyant froncer les sourcils, elle comprit qu'elle avait fait une erreur. Tel un oiseau à demi apprivoisé qui s'avance pour picorer une miette et s'écarte d'un bond au moindre mouvement, elle dit piteusement :

– Je m'emmêle dans les mots, mais... euh, le docteur dit... il dit que ça ne durera pas.

«Seigneur», pensa-t-elle, «il doit me prendre pour une idiote.» Anxieuse de se rattraper, elle dit d'un ton animé :

– Avez-vous fait bonne route ? J'espère que ça n'a pas été trop long. Habitez-vous loin d'ici ?

Elle vit qu'elle ne faisait qu'aggraver son cas. «Il ne reviendra sans doute jamais», pensa-t-elle avec désespoir, étonnée de la profonde consternation qu'elle éprouvait à cette idée. Pourtant, la peur était toujours présente. Il se remit à parler avec Gillian, ce qui atténua son appréhension. Ça et là, elle saisit des bouts de phrases...

– Nous étions à peu près les derniers, et l'orchestre s'est mis à jouer au moment même où nous entrions...

Elle se demanda de quoi il parlait, mais cela n'avait guère d'importance. Elle voulait qu'il continue sans fin, qu'il reste à proximité – sans rien exiger d'elle. Pendant qu'il bavardait avec Gillian, elle l'observa du coin de l'œil. Il était un peu plus âgé qu'elle ne l'avait cru tout d'abord mais, en même temps, il était presque trop beau. Elle se rappela les paroles ironiques du docteur : «Oh ! vous approuverez.» Mal à l'aise, elle se demanda comment il la trouvait. Zee lui avait lavé les cheveux et l'avait coiffée, elle était bronzée, mais elle ne se sentait pas bien dans ses vêtements. Elle avait dû les acheter quelque temps avant l'accident, et ils ne seyaient plus à sa silhouette amaigrie. De surcroît, la mode avait apparemment changé car la jupe était trop longue. Elle se sentait mal fagotée, empruntée.

– Elle a toujours eu la bougeotte, disait-il à Gillian. (Et Jane s'aperçut qu'ils discutaient d'elle.) Comme si elle craignait de passer à côté de la vie. Un jour, elle m'a téléphoné pour me dire comme ça, tout de go : «Allons dîner aux Bermudes.» Elle voulait affréter un avion, dîner sur place et rentrer le soir même.

Sans réfléchir, Jane s'enquit :

– L'avons-nous fait ?

Il tourna les yeux vers elle. De nouveau, elle sentit la peur et l'embarras crisper son visage.

– Non, répondit-il. Je t'ai traitée de cinglée.

Gillian éclata de rire.

– Eh bien, c'est du joli de dire ça à sa promise !

Il garda un moment les yeux rivés sur Jane avant de reprendre le fil de ses souvenirs. En employant le mot «promise», Gillian, pour la première fois, avait fait allusion au lien qui les unissait. Jane aurait voulu observer l'expression d'Austin, mais elle redoutait d'affronter à nouveau son regard.

– ... très mauvaise élève. Elle a évité le renvoi d'extrême justesse.

Elle s'étonna de son manque de tact. Si les rôles avaient été inversés, elle n'aurait certainement pas parlé de lui en ces termes.

– ... jamais vu quelqu'un distribuer son argent aussi généreusement. Mais quand son petit confort était en jeu... là, elle se moquait des sentiments d'autrui. Elle arrivait en retard aux rendez-vous, snobait les gens avec qui elle avait dîné la veille. Ce n'était pas vraiment de l'égoïsme, seulement de l'indélicatesse.

Elle aurait bien voulu se défendre, mais elle n'avait pas d'arguments à faire valoir. Elle ne pouvait réfuter ses dires.

– C'était une sportive accomplie...

Il s'interrompit, comme s'il avait soudain conscience de manquer de tact. Elle jugea curieux qu'il se sentît embarrassé d'aborder un sujet qui la laissait parfaitement indifférente, alors qu'il n'hésitait pas à parler de défauts personnels qui la gênaient bien davantage.

– Oh ! elle remarchera, assura Gillian. Continuez, j'aime bien entendre parler de Jane. Elle n'a rien pu nous raconter sur sa vie.

D'un air presque absent, comme s'il pensait à autre chose, il poursuivit :

– Eh bien... elle était capable de faire à peu près

n'importe quoi, à partir du moment où elle avait décidé d'y arriver. Elle aurait pu réaliser tant de choses ! Mais tout ce qu'elle voulait, c'était jouer au tennis ou au golf, faire du ski ou... A l'époque de... enfin, avant le... elle parlait même d'apprendre à sauter en parachute. En fait, elle s'ennuyait... c'était notre principal sujet de dispute...

Sa voix s'éteignit, mais Gillian n'était pas décidée à en rester là.

– Vous vous disputiez beaucoup ? demanda-t-elle.

– Pardon ? Oh... pas davantage que la plupart des fiancés, je suppose.

Un nerf vibra. Cette fois, Austin avait prononcé lui-même le mot. *Fiancés*. Soudain, elle se prit à souhaiter que Gillian les laissât en tête-à-tête. Non pas que la peur l'eût quittée, mais l'autre sensation était plus forte. Elle n'avait plus besoin de Gillian.

– ... travaillait bénévolement dans un centre d'œuvres sociales. Les enfants l'adoraient littéralement. Elle était comme le joueur de flûte de Hamelin, mais elle ne tenait pas en place...

– Elle était jeune, dit Gillian d'un ton conciliant. Elle avait besoin de se stabiliser.

– Me voilà bel et bien stabilisée, dit brusquement Jane.

Elle fut épouvantée par ses paroles, mais les autres ne lui accordaient aucune attention. Gillian demanda :

– Comment était-elle, physiquement, avant l'accident ?

Austin lui-même parut désarçonné.

– Ma foi... à peu près comme maintenant.

– Jolie ? insista Gillian avec avidité.

– Elle l'est encore.

– Oui, bien sûr, mais... ce n'est sûrement pas pareil ? Avez-vous une photo d'elle ?

Il lança un coup d'œil hésitant à Jane, qui continua de contempler ses mains. Finalement, à contrecœur, il sortit de la poche intérieure de sa veste un portefeuille rempli d'un assortiment de cartes parmi lesquelles il finit par trouver ce qu'il cherchait : une photo usée et cornée. Une ombre passa sur son visage tandis qu'il l'examinait. Un camion grimpa péniblement la route ; impassible, Jane tourna la tête pour le regarder passer. Gillian prit la photo.

– Qu'elle est belle ! dit-elle dans un souffle. Tenez, Jane, regardez.

Sur le moment, elle fit celle qui n'avait pas entendu, puis elle finit par accepter la photo. Elle jeta un bref regard à Austin mais baissa aussitôt les yeux, effarouchée par l'intensité de son expression.

Ce n'était pas un instantané mais un tirage – en format réduit – d'un portrait exécuté en studio. Elle le contempla longuement, tristement. C'était bien elle, mais avec une vivacité, une gaieté, quelque chose d'indéfinissable qui n'existait plus. Eve avant le péché originel. Elle lui rendit la photo sans un mot. Leurs doigts s'effleurèrent, et ce contact aussi l'effaroucha.

– Craindrais-tu quelque chose ? demanda-t-il brusquement.

Aussitôt, la peur déferla sur elle comme une vague, lui donnant l'impression de suffoquer. Elle comprit alors d'où lui venait cette peur.

Pour la première fois, elle l'appela par son prénom :

– Austin, dit-elle d'un ton sec, pourquoi ma famille a-t-elle tout fait pour me dissuader de vous épouser ?

Il demeura totalement impassible. On n'aurait pu imaginer un visage plus dépourvu d'expression que le sien en cet instant. Il lança un coup d'œil en biais à Gillian, mais celle-ci était beaucoup trop fascinée pour saisir l'allusion.

D'une voix lente, il demanda à Jane :

– Que dis-tu ?

– Ma mère m'a formellement déconseillé de vous épouser.

– Comment se fait-il que tu te rappelles une chose pareille ?

Décontenancée, elle porta une main à son front et craignit un instant de s'évanouir. Un souvenir ténu, vague, plus nébuleux que vraiment tangible, la mettait au supplice : elle le sentait tout proche mais n'arrivait pas à le saisir.

– Je ne sais pas... je.. j'ai peut-être rêvé...

Son cœur cognait avec frénésie, l'empêchant de poursuivre.

– Ce n'était rien, acheva-t-elle dans un souffle. Juste un rêve.

Il resta encore un moment, et elle sentit que ses yeux lui vrillaient la tête, voyaient des souvenirs qu'elle-même ne pouvait retrouver. Finalement, après un dernier regard en direction de Gillian, il se leva.

– Le médecin m'a dit de ne pas rester trop longtemps la première fois.

Soudain vidée de toute excitation, elle ressentit une déception bien pire que tout ce qui avait précédé. Consciente d'avoir laissé passer une occasion unique, elle regarda Gillian en se demandant ce qui serait arrivé si elle ne lui avait pas demandé de rester. Elle demeura assise dans son fauteuil à observer la route longtemps après que la voiture d'Austin eut disparu.

9

Le docteur tenait au creux de sa paume une petite pièce percée en son centre d'un trou carré avec des idéogrammes autour. Il la soumit à l'inspection de Jane, tout en observant le visage de la jeune femme.

Elle fut à nouveau prise de vertiges mais, au lieu de baisser la tête, elle la leva vers le ciel, comme pour chercher de l'aide dans les pâles nuages effilochés qui voguaient au loin. Ce n'était pas la chose à faire.

– Qu'y a-t-il ? demanda vivement le médecin. Que s'est-il passé ?

Elle tendit la main pour prendre la pièce et faillit glisser de son fauteuil. Il la saisit à bras-le-corps et la força à pencher la tête entre les genoux. Au bout d'un moment, elle dit :

– Vous pouvez me lâcher. C'est fini.

Avec douceur, il l'aida à se redresser et scruta son visage.

– Alors ? De toute évidence, cette pièce a une signification pour vous.

De nouveau, elle tendit le bras. Il lui donna la pièce et elle la tourna lentement entre ses doigts.

– Où l'avez-vous trouvée ? demanda-t-elle.

– Vous l'aviez dans la main quand... quand on vous a secourue.

– Qu'est-ce que c'est ?

– Ce que c'est ? Ah ! oui... d'après ce qu'on m'a dit, c'est une pièce de cinq chu, en cuivre, très ancienne. Elle est d'origine chinoise et date à peu près de l'an 500 avant Jésus-Christ. Cela vous dit-il quelque chose ?

– Je... j'ai eu envie de mourir en la voyant.

– Donc, vous vous en souvenez ! s'exclama-t-il.

– Non... enfin, je n'en sais rien. Elle me donne la chair de poule, c'est tout. Je ne veux pas y penser.

Elle ferma les paupières, comme pour occulter une vision. Puis, sans se rendre compte de ce qu'elle faisait, elle entreprit de se masser les jambes. Elle était allongée en maillot de bain dans un coin ombragé, entre l'annexe et la cabane à outils, et elle voyait les marques des greffes sur ses cuisses.

– Vous êtes la femme la plus versatile que je connaisse ! dit-il, exaspéré. Par moments, vous êtes prête à tout pour vous en sortir : vous réclamez des médecins spécialisés, des psychiatres... et l'instant d'après, vous refermez le couvercle de votre esprit.

Pointant l'index vers Bonnie, qui baragouinait en dodelinant de la tête, il ajouta :

– Vous seriez peut-être plus heureuse comme ça.

Bonnie tendit un bout de papier à Jane, qui le refusa d'un signe de tête. La naine alla ensuite le proposer à Kirk, qui repeignait la cabane à outils. Comme il refusait lui aussi, Bonnie s'en fut trouver Marlene.

– C'est épouvantable de dire une chose pareille, murmura Jane d'une voix à peine audible.

Elle avait hésité avant de parler, de crainte de fondre en larmes.

– Nous avons interrogé votre fiancé et votre tuteur au sujet de cette pièce chinoise, mais ils ignorent l'un et l'autre où vous avez bien pu la dénicher.

Elle ne dit mot. Au bout d'un moment, il reprit :

– J'ai d'abord pensé que vous l'aviez arrachée à quelqu'un dans la panique, mais maintenant que j'ai vu votre réaction...

– Je ne veux pas en parler !

Sa voix – presque un cri – déchira le silence. Adeline, la fille de Gillian, se pencha à la fenêtre ; Richard, qui allait on ne sait où, s'arrêta net, son éternel sourire aux lèvres ; les oiseaux eux-mêmes, effarouchés, s'envolèrent de la pelouse pour se réfugier dans les arbres.

– Excusez-moi, dit-elle.

Il remit la pièce dans sa poche.

– C'est comme un cauchemar, reprit-elle. Quand on se réveille, on ne s'en souvient pas ; on a simplement une sensation d'angoisse. Et puis, quand on repose la tête sur l'oreiller, on entrevoit un éclair... pas vraiment un souvenir, mais juste cette peur...

Il inclina la tête.

– Je comprends. Mais si vous voulez guérir, il vous faudra accepter les inconvénients avec les avantages. L'amnésie est souvent sélective. On se souvient de certaines choses et on en oublie d'autres, pas forcément pour des raisons physiologiques.

– Qui est ce gouverneur qui a été assassiné récemment ?

Il la regarda un long moment, soupira.

– Très bien. Nous ne parlerons plus de cette pièce.

– Non... je ne cherche pas à faire diversion. Je voudrais vraiment savoir. J'ai eu une réaction très nette quand on en a parlé à la radio.

– Paynter. Le gouverneur Paynter. Il faisait campagne pour son second mandat de gouverneur. L'attentat a eu lieu au moment où il descendait d'avion pour...

Le médecin, qui s'apprêtait à allumer une cigarette, éteignit l'allumette d'un geste distrait.

– Vous ne savez pas ? Ça s'est passé le même jour que l'incendie.

Ils réfléchirent un moment à cette coïncidence, puis il poursuivit :

– Il a été tué d'une balle de pistolet par un Sud-Américain... un maboul qui a ensuite été abattu par l'un des policiers.

– Pourquoi a-t-il fait cela ?

– Pourquoi qui a fait quoi ?

– L'assassin... pourquoi a-t-il tué le gouverneur ?

– Ah ! (Il sourit.) Vous savez comment ils sont, ces Sud-Américains... ils ont le sang chaud. Si ce type avait une raison, nul ne la connaît. Evidemment, on a raconté beaucoup de choses...

– Par exemple ?

– Qu'on lui avait proposé de l'argent pour faire venir sa famille aux Etats-Unis s'il acceptait de tuer Paynter...

– Qui lui a proposé de l'argent ? Qui étaient les ennemis du gouverneur ?

– Ne vous emballez pas, ce n'étaient que des rumeurs. Il y a des gens qui voient des complots partout. Finalement, tout le monde est tombé d'accord sur le fait que l'assassin était un simple déséquilibré. (Il alluma enfin sa cigarette et se leva.) J'ai rendez-vous avec un malade dans mon bureau. A demain.

Il se dirigea vers la cuisine pour donner des instructions à Gillian, s'arrêtant en chemin – selon son habitude – pour bavarder avec les patients. Jane le suivit des yeux un moment, puis ferma les paupières. Elle commençait à avoir un peu froid. Ce n'était pas encore un temps à se dorer au soleil, mais Zee l'avait néanmoins laissée faire. L'infirmière, pour sa part, était partie bavarder avec le personnel, comme toujours. Au bout d'un moment, Jane décida qu'il était temps de se changer pour le dîner. Elle se mit sur son séant ; ce faisant, elle vit quelque chose briller au loin, dans les bois. Elle se pencha en avant pour distinguer ce que c'était, mais la distance lui brouillait la vue. Ses yeux avaient dû être blessés dans l'accident – comme ses cordes vocales, à en croire le médecin. Elle fit avancer son fauteuil roulant et, à cet instant précis, elle entendit un bruit sec en direction des bois, comme si une branche avait craqué. Simultanément, un bout d'écorce sauta de l'arbre qui se trouvait juste derrière elle, sur sa gauche.

Plus surprise qu'alarmée, elle se pencha pour scruter le sol. Au pied du tronc, juste au-dessous de l'encoche, elle vit un morceau de plomb gris foncé. Bien qu'elle n'eût pas de connaissances particulières en matière d'armes à feu, elle comprit aussitôt de quoi il s'agissait. Elle ramassa la balle, se tourna vivement en entendant un bruit derrière elle. Bonnie se tenait à ses côtés. Avant que Jane ait pu deviner son intention, la naine s'était emparée de la balle.

– Rends-moi ça ! ordonna Jane d'un ton sec.

Mais Bonnie émit un grognement et s'éloigna en titubant.

– Attends... arrête !

Faisant pivoter son fauteuil roulant, Jane se lança à sa poursuite.

– Bonnie ! cria-t-elle. Reviens !

Gillian passa la tête par l'une des fenêtres.

– Qu'est-ce qui se passe ? demanda-t-elle.

– Gillian ! Venez voir. On m'a tiré dessus !

– Quoi ?

Tel un éclair, Gillian sortit de la maison en s'essuyant les mains sur son tablier.

– Qu'est-ce que vous dites ?

– On a tiré sur moi, mais Bonnie m'a pris la balle. Reprenez-la-lui.

– Franchement, Jane, si le docteur vous entendait...

– Dépêchez-vous ! Rattrapez Bonnie.

La naine avait disparu à l'angle de la maison et, tout en parlant, Jane essayait désespérément de manœuvrer son fauteuil.

– Honnêtement, vous dites des insanités. Et quelle idée de rester là, à moitié nue, alors qu'on n'est même pas...

– Voulez-vous rattraper Bonnie, s'il vous plaît ? cria Jane.

– D'accord, d'accord. Cessez de hurler, vous allez faire peur aux autres. Voulez-vous que j'appelle le médecin ? Il vient juste...

– *Attrapez Bonnie !*

Gillian partit dans la direction prise par la naine. Jane essaya de la suivre, mais le sol était trop inégal pour les roues du fauteuil. Plusieurs malades s'étaient approchés et observaient la scène avec intérêt, mais aucun ne proposa son aide. Finalement, Gillian revint en annonçant :

– Elle n'avait que ses bricoles habituelles, rien d'autre.

– Vous en êtes sûre ?

– Puisque je vous le dis !

– Dans ce cas, elle a dû la laisser tomber. Il faut que nous cherchions par terre...

– Si vous vous imaginez que j'ai le temps de chercher par terre, vous vous trompez. Je dois aider la cuisinière à préparer le dîner. De toute façon, vous avez rêvé. Qui aurait l'idée de tirer par ici ?

Jane eut soudain une idée :
– Venez voir.
Gillian la regarda fixement mais ne bougea pas.
– Venez, vous dis-je. Je voudrais vous montrer quelque chose.
– Qu'est-ce que vous voulez me montrer ?
Jane l'observa attentivement et, peu à peu, ses joues s'empourprèrent. Gillian avait peur d'elle ! Jane faillit l'invectiver, la traiter d'idiote, mais elle eut la sagesse d'inspirer profondément et d'attendre que sa colère s'apaise. Lorsqu'elle fut certaine de pouvoir contrôler sa voix, elle dit avec calme :
– Je voudrais vous montrer l'endroit où la balle a éraflé l'arbre.
– Quel arbre est-ce ?
Jane pointa l'index.
– Le chêne, là-bas.
– Comment savez-vous que c'est un chêne ?
Jane la considéra d'un air incrédule. Prenant une profonde inspiration, elle dit avec lenteur, en détachant ses mots :
– Parce que j'ai vu des glands dessous.
Gillian n'était pas stupide. Cette fois, ce fut elle qui rougit. Elle se dirigea vers l'arbre, tout en surveillant Jane du coin de l'œil. Zee et Beth les avaient maintenant rejointes. Cela redonna de l'assurance à Gillian, qui examina le chêne de près.
– Il y a bien une marque, là, mais elle a pu être faite n'importe quand.
– Elle est toute récente, dit Jane de la même voix contenue.
Elle expliqua à Zee ce qui s'était passé. Gillian suggéra :
– C'est peut-être Bonnie ou Richard qui l'ont faite, cette entaille.
– Moi, dit Zee, je pense que c'est un chasseur. Un jour, je me promenais dans les bois avec Gib, qui était venu me voir chez une vieille dame que je soignais à la suite d'une crise cardiaque. A un moment donné, il y a eu un coup de feu et, juste derrière Gib, j'ai vu des cailloux...
– Mon frère, il donne cailloux à moi, gazouilla Beth.

Très jolis cailloux. Venez voir dans ma chambre, je montrerai.

– Bon, je ne vais pas rester plantée là toute la journée, dit Gillian. J'ai vingt personnes à ma charge.

Elles continuèrent néanmoins à discuter tandis que Jane regagnait discrètement l'annexe. La jeune femme était partagée entre deux sentiments contradictoires : d'un côté, elle se disait qu'elle avait intérêt à s'échapper de cet asile de fous si elle tenait à la vie ; de l'autre, elle se demandait si elle n'était pas aussi dérangée que les autres pensionnaires et n'avait pas imaginé l'incident de toutes pièces.

10

Quelqu'un l'appelait. La voix, péniblement familière, provenait d'un point lointain, inaccessible dans le temps. Elle émanait d'une région distante qui, de façon mystérieuse, n'était plus à la portée de Jane.

Elle remua, gémit, finit par ouvrir les yeux. Le clair de lune caressait le vase, le transformant en un prisme aux reflets irisés. Dehors, les arbres étaient immobiles – attendant, comme elle, que quelque chose se produise. Au loin retentirent les abois d'une meute de chiens. Dans quelques secondes, une bête sauvage serait mise en pièces.

Qui appelait ?

Elle avait la tête comme bourrée de ouate. Et, telle la princesse qui pouvait sentir la présence d'un petit pois sous une vingtaine de matelas, elle ne parvenait pas à trouver une position confortable dans son lit. Soudain, elle entendit derrière elle quelque chose d'incroyable : le tintement grêle d'une boîte à musique. Elle voulut se dresser mais retomba en arrière, la chambre tournoyant dangéreusement autour d'elle.

– Jane... Jane... appela la voix d'outre-temps.

Rêvait-elle ? En ce moment, elle faisait vraiment beaucoup de rêves bizarres. Elle n'arrivait jamais à démêler le réel de l'imaginaire. Avait-on vraiment tiré sur elle cet après-midi ?

– Zee !

Elle attendit, en vain.

– Zee !

Pas de réponse. De toute évidence, l'infirmière était allée dans la maison principale, soit pour manger un petit quelque chose, soit pour regarder la télévision en compagnie de Gillian. Et Adeline était sans doute avec elles. Autrement dit, Jane était seule dans l'annexe avec la pauvre Beth, la marionnette épileptique.

Elle sentit croître son malaise, bientôt accompagné d'un puéril sentiment d'abandon. Tous les adultes étaient partis ; elle aurait beau crier tant et plus, personne ne viendrait.

Cet air de musique avait quelque chose de...

Mais elle ne put se rappeler ni la mélodie elle-même ni la raison pour laquelle cette mélodie lui faisait peur. Elle avait du mal à respirer. Comme le jour où on lui avait mis sur la bouche et sur le nez un objet qu'elle ne pouvait voir... tout s'était mélangé : les lumières, les visages, les murs blancs...

– Jane... Jane... M'entendez-vous, Jane ?

Elle tenta à nouveau de s'asseoir, mais elle était trop faible. C'était impossible, cette histoire. Personne n'appelait. C'était juste son cerveau meurtri qui, mélangeant les signaux qu'il recevait, avait engendré une hallucination auditive. La boîte à musique se remit alors à jouer, si bas que ce n'était qu'un chuchotis, un murmure.

Ô mon sapin. En mars ? Curieux... Elle connaissait cette chanson depuis toujours. Depuis que... depuis que *quoi* ? La voix de sa mère lui disait :

– Mais oui, bien sûr que nous allons chanter *Ô mon sapin*. Tu as toujours réagi bizarrement à cette chanson depuis le jour où, quand tu avais quatre ans...

Un blanc. Qu'avait-il bien pu se passer, quand elle avait quatre ans, pour qu'elle eût peur d'une chanson ? A l'époque, elle avait compris de quoi parlait sa mère, mais aujourd'hui...

La boîte à musique égrena à nouveau ses notes étouffées :

Ô mon sapin, Ô mon sapin
Tu sais toujours me plaire !

Combien de fois tu fais ma joie
Quand Noël brille de tous ses feux...

Ah ! voilà : «...depuis le jour où, quand tu avais quatre ans, Vista a été brûlé vif.»

Son petit chat, Vista. Dans la maison, on jouait *Ô mon sapin* et, dehors, on avait allumé un feu de joie. Personne n'avait vu le chat sous le tas de branchages, jusqu'au moment où un cri atroce...

– Jane, Jane... Ecoutez bien, Jane.

D'où provenait cette voix ? De derrière le lit, de l'autre côté de la porte ou de sa propre tête ?

– Ne vous souvenez de rien, Jane. N'essayez pas de vous rappeler ce qui s'est passé avant l'accident. Si vous retrouvez la mémoire, ce sera bien pire que tout le reste, Jane. Pire que l'incendie...

La voix était familière. Elle la connaissait encore mieux que la sienne. Les sucs de son estomac se figeaient, tournaient à l'aigre, lui donnaient envie de vomir. Et elle était incapable de bouger. C'était comme si elle était emprisonnée dans une camisole de toiles d'araignées.

– Si vous retrouvez la mémoire, Jane, il vous arrivera un terrible malheur. Nous vous aurons, Jane. Nous vous aurons demain, ou la semaine prochaine, ou l'année prochaine, et vous aurez le temps de souffrir. Ce sera pire que l'incendie...

Dans un instant, elle se rappellerait où elle avait entendu cette voix. Si l'autre continuait à parler, la révélation exploserait dans la tête de Jane, illuminerait les moindres recoins de son cerveau. Mais, soudain, la boîte à musique se remit en marche :

...Témoin de la constance,
De l'espérance et du courage,
Donne-nous la paix et l'allégresse...

– Ne parlez à personne de ce qui s'est passé ce soir, Jane. Nous vous surveillons. Si jamais vous parlez...

Soudain, le silence. Comme si on avait appuyé sur un interrupteur. Pendant quelques instants, elle n'entendit que les stridulations des criquets. Puis des pas s'arrêtèrent devant sa porte et l'uniforme blanc de Zee apparut, fantomatique au clair de lune.

– Quel était ce bruit ? demanda-t-elle d'un ton vif.

Jane ne savait plus où elle en était. Elle avait la tête qui tournait.

– Vous l'avez entendu, vous aussi ? demanda-t-elle d'une voix brouillée.

– Naturellement. Quelqu'un chuchotait.

Des vagues de soulagement assaillirent Jane. Elle n'avait donc pas imaginé l'incident ! Allongeant le bras, elle étreignit la main de Zee.

– Je suis si heureuse de vous voir. Je vous ai appelée, mais...

– Comme vous dormiez, je suis allée regarder la télévision. Qu'est-ce que c'était ? Vous aviez mis la radio ?

– Non, ce n'était pas la radio. Touchez-la, elle est froide.

– Je n'ai pas besoin de la toucher. Je vous crois. D'ailleurs, j'ai entendu quelqu'un dire «Jane». Qui était-ce ?

– Je n'en sais rien. Je me suis réveillée en entendant une voix appeler «Jane, Jane», et puis une boîte à musique s'est mise à jouer. La voix m'a dit qu'il m'arriverait quelque chose de terrible si je retrouvais la mémoire. Elle m'a également ordonné de ne parler à personne de ce qui s'est passé ce soir...

– Mais c'est incroyable, dit Zee dans un murmure. Ça n'a ni queue ni tête.

Elle lança autour d'elle un coup d'œil apeuré. Elle n'alluma pas le plafonnier mais tira le rideau devant les portes-fenêtres.

– Je sais bien que c'est incroyable, dit Jane. C'est pourquoi je suis heureuse que vous l'ayez entendu aussi.

– Qui a bien pu faire une chose pareille ?

– Il faut que vous téléphoniez au docteur. Allez dans la maison principale et...

– Tout de suite ?

– Oui, tout de suite. Nous ne pouvons pas attendre.

– Mais le docteur dort sûrement. Et puis...

– Il ne comprendrait pas que nous ne fassions rien.

Et vous, il vous croira. Si c'est *moi* qui lui en parle, il dira que ça s'est passé dans ma tête.

– Supposez qu'il y ait quelqu'un dehors ? Je n'ai aucune envie de sortir dans le noir. D'autant que vous resteriez seule : Adeline est dans l'autre bâtiment. J'étais juste venue voir si vous n'aviez besoin de rien...

– Oh, Seigneur ! Si seulement nous avions le téléphone ici...

– Nous mettrons le docteur au courant demain matin.

Elle n'avait pas le choix. Zee avait raison. Elles ne pouvaient même pas s'enfermer dans l'annexe : il n'y avait pas de clefs.

Elle resta un long moment sans pouvoir trouver le sommeil. Le désarroi formait autour d'elle des volutes tangibles. La chambre se dilata, gonfla comme un ballon aux proportions énormes, puis disparut complètement. Elle avait décollé du sol et fendait l'espace, environnée de chuchotements et de notes de musique. Elle essaya de se maintenir au sol, mais les courants qui la soulevaient étaient trop forts. Même ses appels au secours se noyèrent dans le vent tourbillonnant. Emportée à toute allure vers quelque univers lointain, elle perdit finalement tout contact avec les humains.

11

À son réveil, elle eut pendant quelques instants l'impression familière d'avoir rêvé l'incident de la veille au soir. Puis elle se souvint que Zee avait entendu la voix, elle aussi. Jetant un coup d'œil sur sa montre, elle vit qu'il était encore trop tôt pour appeler l'infirmière ; elle trompa son attente en contemplant le ciel matinal, teinté d'un rose irisé. Par la fenêtre ouverte lui parvenaient les parfums de la vie qui renaissait.

A huit heures et demie, elle se demanda pourquoi Zee n'était toujours pas levée. On servait le petit déjeuner à neuf heures et Gillian n'aimait pas les retardataires. Jane se décida finalement à appeler, mais elle n'obtint aucune réponse. Peut-être Zee était-elle sortie plus tôt pour téléphoner au docteur ? Haussant la voix, Jane appela Adeline – sans plus de résultat. La seule à répondre fut Beth, qui resta sur le seuil à bafouiller. Pour se débarrasser d'elle, Jane lui donna un petit œuf en porcelaine qui se trouvait dans ses affaires. Beth s'en empara vivement et sortit d'un pas saccadé.

À neuf heures et quart, Adeline revint à l'annexe, surprise de ne pas avoir vu les trois femmes au petit déjeuner.

– Que faites-vous encore au lit ? dit-elle avec sévérité.

– Zee n'est pas là. Je l'ai appelée, mais elle ne répond pas.

Sourcils froncés, Adeline entra dans la chambre de Zee. Il y eut un silence, puis elle revint au bout de quelques instants, un morceau de papier à la main. Elle avait l'air abasourdi.

Jane éprouva aussitôt un picotement dans les nerfs. Elle aurait dû se douter que ce ne serait pas si simple.

– Qu'est-ce que c'est ? demanda-t-elle d'une voix apparemment détachée.

Adeline lui tendit le message. Celui-ci était bref, écrit à la va-vite : *J'ai trouvé une meilleure place. Je ne voulais pas vous le dire. Zee.*

Bien des années auparavant, Jane avait reçu en cadeau un presse-papiers : un globe en verre contenant l'habituel décor enneigé. Quand elle le secouait, de minuscules flocons blancs tourbillonnaient paisiblement au-dessus de la petite église de Nouvelle-Angleterre. Mais un jour, elle l'avait cassé ; chaque fois qu'elle retournait le globe, on ne voyait plus qu'un indescriptible chaos. Voilà exactement ce qu'était devenue son existence sereine, à moitié assoupie : un indescriptible chaos.

– C'est impossible qu'elle soit partie, murmura-t-elle.

– Je croyais qu'elle se plaisait bien ici, convint Adeline.

– Ses vêtements et ses affaires ne sont plus là ?

– Non. Rien de rien.

Elles se regardèrent, déconcertées. Enfin, Jane s'assit et demanda :

– Pourriez-vous m'aider à m'habiller, s'il vous plaît ? Je dois voir le docteur immédiatement.

A peine avait-elle prononcé ces mots que, de nouveau, la peur s'empara d'elle. *Ne parlez à personne de ce qui s'est passé ce soir, Jane. Nous vous surveillons. Si jamais vous parlez...*

Que pourrait-elle dire au médecin, d'ailleurs ? Qu'elle avait entendu une voix et un air de musique qui sortaient du néant ? Elle imaginait sans peine sa réaction.

– Non, dit-elle. A la réflexion, je verrai le docteur plus tard. Je vais plutôt prendre mon petit déjeuner.

Le cerveau engourdi, elle se laissa faire tandis qu'Adeline l'aidait à accomplir son rituel matinal et l'installait dans son fauteuil roulant pour la conduire à la salle à manger. Peu à peu, elle se rendait compte à quel point elle avait été dépendante de Zee, non seulement sur le plan pratique mais aussi sur le plan affectif. Elle avait pris plaisir à son bavardage sans prétention, à ses banales anecdotes ayant Gib pour héros, à ses coups de cœur superficiels mais stimulants.

Avait-elle rêvé, oui ou non ? Voilà que, de nouveau, son esprit s'embrumait. Etait-il possible que, lors d'une des nombreuses opérations qu'elle avait subies, on lui eût prélevé une petite parcelle de matière grise ? Elle avait lu un jour que, dans certains cas de dérangement mental, on utilisait cette méthode-là. Et, bien entendu, le malade n'en savait jamais rien.

Une autre pensée lui vint. Dans son souci de déterminer si elle avait ou non imaginé la fameuse voix, elle avait oublié le sort de Zee, qui était peut-être critique. Si Jane n'avait *pas* rêvé, et si elle avait raison de penser – instinctivement – que Zee, malgré tous ses défauts, ne l'aurait pas abandonnée sans prévenir, alors l'infirmière courait peut-être un terrible danger.

Mais pourquoi Zee ? N'aurait-il pas été plus simple de se débarrasser de Jane Wallcutt ? Elle n'avait aucune réponse à cette question.

– Je viens d'apprendre la mauvaise nouvelle.

C'était le médecin. Elle l'observa en silence, hésitant sur le parti à prendre. Si elle parlait, elle exposait sa propre vie ; si elle se taisait, elle mettait en péril celle de Zee. Lentement, comme si elle s'adressait à un enfant, elle lui raconta toute l'histoire. D'une voix morne, dépourvue d'émotion.

Il demeura silencieux un long moment. En le voyant allumer une cigarette, elle comprit que c'était sans espoir. Il fumait toujours quand il était embarrassé ou voulait se donner une contenance.

Finalement, elle dit :

– C'est tout de même luette, avouez, que Zee disparaisse juste après ce qui s'est passé.

– Luette ? Ah... vous voulez dire «suspect».

– Vous êtes bien d'accord ?

– Jane, écoutez. Vous avez subi un choc. Ce qu'a

fait Zee est impardonnable. Vous dépendiez d'elle depuis toujours... à votre connaissance, tout au moins. Et le fait qu'elle vous ait quittée comme ça, sans avertissement, vous a poussée à... euh... parfois, le cerveau s'arrange pour fournir des explications. Vous n'avez pas pu supporter l'idée qu'elle soit partie parce qu'elle ne se plaisait pas ici... alors, inconsciemment, vous avez essayé de trouver une raison...

– Seigneur..., soupira-t-elle en fermant les paupières.

– Ne prenez pas la chose trop à cœur. J'en parlais tout à l'heure avec Gillian, qui me faisait observer que les... euh... les gens comme Zee sont souvent irresponsables. Ne vous croyez surtout pas fautive...

– Avez-vous un échantillon de l'écriture de Zee ?

– L'écriture de Zee ? Ah ! je vois. A cause du message... Non, je ne crois pas. Pour en revenir à ce que je disais...

– Docteur Stires... excusez-moi, mais... Je ne voudrais pas être impolie, mais je me sens vraiment abattue. Puis-je vous demander... enfin, je voudrais être seule.

Il continua de fumer en silence. Au bout d'un moment, il se leva, ouvrit la bouche pour dire quelque chose ; puis, se ravisant, il sortit de la chambre sans un mot. Trop déprimée pour faire quoi que ce soit, même lire, Jane resta où elle était. Elle se demanda s'il avait pris des dispositions pour lui trouver une nouvelle infirmière. Elle se demanda ensuite si elle pourrait utiliser le téléphone pour appeler la police. Mais ce serait peine perdue. Primo, il n'y avait qu'un seul appareil, bien en évidence dans le hall d'entrée ; tout le monde serait au courant de sa démarche. Secundo, les policiers ne la croiraient pas.

Au fond, il vaudrait bien mieux qu'elle fût morte. Elle n'en pouvait plus de toutes ces histoires et, en outre, elle n'était plus qu'un résidu d'être humain. Elle était incapable de marcher, incapable de se souvenir. Un résidu d'être humain, tremblant et inutile. Si elle avait un tant soit peu de courage, elle se tuerait.

Peut-être était-ce précisément ce qu'ils attendaient. Qu'elle se suicide. C'était une bien meilleure solution qu'un «accident». L'inconvénient de se suicider, c'était qu'on faisait plaisir à ses ennemis et de la peine à ses amis. Avait-elle des amis ? L'image d'Austin flotta dans son esprit, mais elle la chassa. Pour elle, Austin était une énigme. Deuxième hypothèse : ils essayaient de la pousser à la folie, ou de persuader le médecin qu'elle devenait folle. Si telle était bien leur intention, ils avaient déjà plus qu'à moitié réussi. Troisième possibilité : ils voulaient, en l'effrayant, l'inciter à quitter l'hôpital afin de pouvoir arranger un accident plus convaincant. Ils ne pourraient évidemment pas renouveler le coup de la «balle perdue».

On frappa à la porte. Sa première réaction fut la peur, mais elle réfléchit qu'une personne lui voulant du mal ne prendrait pas la peine de frapper.

– Entrez.

L'homme qui apparut lui était inconnu, mais elle n'en conçut aucune appréhension. Inexplicablement, c'était comme si on avait ouvert la porte de son cachot pour laisser pénétrer le soleil. Au lieu des ténèbres, de l'humidité, de la vermine grouillante, il y avait maintenant l'odeur du foin coupé et la chaleur d'une journée d'été.

– Comment vas-tu, mon petit ? demanda-t-il.

Bien qu'elle ne se souvînt pas de *lui* en particulier, elle se rappelait avoir connu des personnes du même genre : normales, bien intentionnées, cultivées, cossues. Il laissa la porte ouverte, comme pour respecter les convenances ; puis, posant délicatement son chapeau sur la commode, il s'enquit :

– Puis-je m'asseoir ?

– Bien sûr, oui.

Il s'assit avec précaution, comme s'il nourrissait des doutes sur la propreté du siège.

– Te souviens-tu de moi ? dit-il.

Elle l'examina avec une attention soutenue. Remarquant qu'elle semblait avoir des problèmes de vue, il se pencha obligeamment en avant. Il était corpulent, un peu plus grand que la moyenne, mais les traits de son visage étaient petits pour un homme de sa taille. Cela donnait un effet assez comique, comme s'il avait été modelé par un sculpteur possédant un piètre sens des proportions. Mais elle avait rencontré ces temps-ci tant de gens difformes qu'il eût été mesquin d'ergoter sur un défaut si anodin.

– Non... Je regrette.

– Le médecin m'avait prévenu, mais je n'arrivais pas à... Je pensais que, en me voyant, la mémoire te reviendrait. C'est incroyable... mon visage ne te rappelle vraiment rien ?

– Non, malheureusement.

– Howard Chalmers... Ce *nom* te dit-il quelque chose, au moins ?

Elle aurait bien voulu qu'il cesse de la harceler. Qui donc avait prononcé ce nom devant elle, récemment ?

– Cherche bien, l'encouragea-t-il.

Apparemment, il était persuadé que la perte de mémoire était due à un simple manque de volonté.

– «On peut tout ce qu'on veut.» Je t'ai répété cela toute ta vie, tu te souviens ?

– Vous êtes le tuteur !

Triomphant, il s'exclama :

– Ça y est, tu te rappelles ! (Une note de doute s'insinua dans sa voix.) *Le* tuteur ? Pas *mon* tuteur. Pas oncle Howard.

– Non, je ne me souviens de rien, mais quand vous avez dit «toute ta vie», j'ai compris que vous deviez être le... mon tuteur. Le Dr Stires m'a parlé de vous.

– Ah ! fit-il, désappointé. Incroyable... On lit ces choses-là dans les journaux, mais... ne pas être reconnu par une personne qu'on a toujours considérée comme sa fille...

Désemparée, elle dit :

– Je n'ai même pas reconnu le... euh... mon fiancé.

– Oui, mais Austin était au théâtre avec toi lors de ce terrible accident. On peut comprendre que, inconsciemment, tu n'aies pas le désir de te souvenir de *lui*. Tandis que moi... j'incarne ton enfance, tes souvenirs les plus précoces, les plus heureux.

Sur le chapitre de la loquacité, il n'avait rien à envier à Zee. Il entreprit de lui raconter d'anciennes anecdotes ayant pour cadre Hobe Sound – un endroit de ce genre-là – et, tandis qu'il parlait, elle essaya de se le représenter dans le rôle du méchant. Admettons qu'il ait cru au départ qu'elle succomberait à ses blessures... aurait-il alors pris le risque de la spolier de son argent ? Elle détailla son costume de bonne coupe, ses chaussures vernies, son impeccable chapeau gris foncé. Il avait l'air aussi prospère que l'homme à la Cadillac, à une énorme différence près : lui, de toute évidence, était né avec une cuiller d'argent dans la bouche. Donc, s'il avait perdu sa fortune d'une manière quelconque, il risquait d'être plus tenté qu'un autre de trouver un nouveau filon. D'ailleurs, n'était-ce pas curieux de le voir arriver ainsi en milieu de semaine, juste après la disparition de Zee ? L'hôpital était très éloigné de la ville, et Austin lui-même l'avait prévenue qu'il aurait du mal à venir la voir en dehors des week-ends.

– Comment se fait-il que vous ayez pu vous libérer aujourd'hui ? demanda-t-elle brusquement.

Elle s'aperçut trop tard qu'elle l'avait interrompu au beau milieu d'une phrase :

– ...petit canot de sauvetage pour essayer de nous tirer de là. Tu disais ?

– Excusez-moi, murmura-t-elle, confuse.

Cette fois, elle se demanda si elle ne se souvenait pas *vraiment* de lui, car elle se surprit à remonter le cours du temps jusqu'à un âge où les adultes lui faisaient sans arrêt des réflexions du genre : «Les enfants ne doivent pas prendre la parole sans permission.»

– Excusez-moi, répéta-t-elle. J'avais l'esprit ailleurs... je me demandais comment vous aviez pu quitter votre bureau... Ce doit être driff... diffo... zut, je ne trouve pas le mot... (En désespoir de cause, elle reprit :) Bref, comment avez-vous pu vous libérer un jour de semaine ?

Il eut un sourire indulgent.

– En fait, mon petit, je ne suis pas tenu de travailler de neuf heures à cinq heures. Austin m'ayant dit que tu pouvais recevoir des visiteurs, je n'ai pas voulu empiéter sur *ses* week-ends.

– Ah... c'est trop aimable à vous.

– Trop *aimable* ! Et dire que, depuis près de vingt ans, tu es pour moi comme une fille ! Enfin, bref... Venons-en aux problèmes pratiques. Il faut que tu me dises de quoi tu as besoin et si tu es heureuse ici... du moins, aussi heureuse que le permettent les circonstances. Quand tu auras repris des forces, nous discuterons de tes affaires financières et...

– Ai-je beaucoup d'argent ?

Elle rougit, confuse de l'avoir à nouveau interrompu.

– Tout est relatif, répondit-il d'un ton pontifiant, mais la plupart des gens estimeraient sans doute que tu as une grosse fortune.

– C'est-à-dire ?

Il eut un rire jovial.

– Je commence à te retrouver ! Mais ta question n'est pas si simple. Outre l'argent que t'ont laissé ton grand-père maternel et ta grand-mère paternelle...

– On dirait une comptine.

– Pardon ? Ah ! oui... Bref, il y a également l'argent que t'a laissé ta mère. La succession n'a pas encore été réglée. Et il faut encore ajouter à cela toutes sortes de valeurs...

– Pourriez-vous me donner... un chiffre approximatif ?

– C'est quasiment impossible. Trop de facteurs entrent en ligne de compte. D'autre part, tu comprends bien que si je te donnais un chiffre approximatif, cela ne représenterait pas une somme d'argent immédiatement disponible. Tu bénéficies d'un revenu, bien sûr – un revenu très substantiel – mais il y a des restrictions sur le capital. Et puis je ne suis pas ton seul trustee. Nous sommes trois...

– Trois ?

– Ton père était un homme d'affaires beaucoup trop avisé pour tout confier à une seule personne. Je suis le seul des trois à avoir été un de ses amis intimes, mais la fortune est gérée de telle sorte que si l'un de nous vient à mourir...

– Je vois, dit-elle d'une voix lente.

Comment aurait-on pu détourner son argent s'ils étaient trois à s'en occuper ? A moins, évidemment, que tous trois fussent de mèche...

– Si vous pouviez juste me donner un ordre de grandeur...

– Ma foi, en faisant une estimation aussi précise que possible, cela doit représenter environ treize millions de dol...

– Treize millions ! s'exclama-t-elle, sidérée.

– Cela te surprend ?

– Et comment !

– Mais tu avais bien une idée... Non, j'oublie toujours. Tu parais si normale...

Elle avait cessé d'écouter. Maintenant, elle savait pourquoi il était plus simple de se débarrasser de l'infortunée Zee que de Jane Wallcutt. La disparition d'une infirmière ne ferait pas autant de bruit que celle d'une riche héritière. Sa mort à elle, Jane, *devrait* passer pour un accident.

Howard Chalmers lui parlait de venir s'installer chez lui dès qu'elle irait mieux :

– Au moins, jusqu'à ce que tu puisses tenir debout... (Il jeta un bref coup d'œil sur ses jambes.) C'est la seule solution raisonnable, puisque la maison a été vendue. Remarque, Austin a peut-être des projets personnels...

Il s'interrompit avec un sourire bienveillant.

Elle sentit son estomac chavirer. Elle n'était toujours pas sûre qu'Austin lui rendrait visite le samedi suivant et, malgré sa peur, elle sentait qu'elle ne pourrait pas tenir une semaine de plus s'il ne venait pas.

– Je n'ai peut-être pas ma place dans les projets d'Austin, dit-elle d'un ton hésitant.

– Ridicule ! Vous avez peut-être eu des petites difficultés, tous les deux, mais tous les fiancés...

– Quel genre de difficultés ?

– Comment veux-tu que *je* le sache ? Les jeunes ne se confient jamais à leurs aînés. Le médecin m'a bien recommandé de ne pas te fatiguer. Je reviendrai en milieu de semaine prochaine. Dis-moi ce que je peux t'apporter. Qu'est-ce qui te ferait le plus plaisir ?

– Que vous me disiez quelles difficultés nous avons eues, Austin et moi.

– Je l'ignore. Oh ! j'allais oublier... J'ai pensé que tu aurais besoin d'un peu d'argent. Toutes les dispositions sont prises pour les frais de clinique, bien sûr, mais maintenant que tu remontes sérieusement la pente, tu auras peut-être envie de faire quelques dépenses.

Il sortit de sa poche de poitrine un petit chéquier plié en deux, qu'il lui remit en disant :

– J'ai crédité ton compte de mille dollars pour commencer. S'il te faut davantage, n'hésite pas à me téléphoner. Ils ont mon numéro.

Il ne pouvait pas – ou ne voulait pas – lui en dire davantage sur Austin. Elle l'avait sous-estimé. Il lui avait paru assez malléable au début, mais elle s'apercevait maintenant qu'il était difficile à manipuler. On ne pouvait certainement pas le forcer à faire ou à dire quelque chose qu'il n'avait pas envie de faire ou de dire. Lorsqu'il se leva, elle lui tendit la main. Il la prit mais, à la surprise de Jane, il se pencha pour l'embrasser sur la joue. Une onde de chaleur la parcourut. Pour autant qu'elle se souvînt, c'était le premier baiser qu'elle recevait. A présent, elle n'était plus irritée par l'attitude pontifiante de son visiteur; impulsivement, elle tendit les bras et lui rendit son baiser. Il parut un peu embarrassé, mais touché.

– Tout va s'arranger, Janie, dit-il d'une voix rauque, bourrue.

Il lui tapota la main et sortit rapidement, non sans qu'elle ait eu le temps de remarquer ses yeux embués.

Tel un ascenseur, le moral de Jane remonta. Elle n'était plus seule. Cette réaction, elle ne l'avait pas eue après la visite d'Austin : elle était alors trop excitée. En revanche, cette fois, elle avait le sentiment d'appartenir à une famille, d'être aimée. D'un geste impatient, elle essuya les larmes qu'elle sentait couler sur ses joues. «Espèce d'idiote», se sermonna-t-elle.

Il n'avait pas fermé complètement la porte en sortant, et Jane vit le panneau s'ouvrir lentement. Bonnie apparut, dodelinant de la tête et souriant de toutes ses dents. La naine scruta Jane de ses petits yeux bridés et lui montra son habituelle collection d'enveloppes, de formulaires et de bouts de papier déchirés. Elle agitait sa canne dans tous les sens, au point que Jane, craignant de recevoir un coup, la saisit au vol et la posa sur le lit. Après quoi, elle entreprit obligeamment d'inventorier les trésors de Bonnie. Elle était sur le point de les lui rendre quand elle s'aperçut que l'un des bouts de papier était un fragment de lettre personnelle. Le mot «accident» attira son attention; machinalement, elle prit le papier pour le lire. Bonnie se mit à baragouiner d'énergiques protestations, et Jane dut promettre de lui restituer son bien. La lettre était écrite sur du papier blanc ordinaire, et le fragment correspondait apparemment au coin inférieur droit de la feuille :

...tion de temps...
...à poser des questions...
...ous est impossible de faire quoi...
...pital, mais nous...
...mieux est de la tenir...
...ttendant, envoyez Leroy l'intimider...
...Quand elle sortira...
...moi pour un accident.

Saisie d'un malaise croissant, elle regarda longuement le bout de papier. Bien sûr, Bonnie pouvait l'avoir dans ses affaires depuis des années, mais il était trop propre. Jane éparpilla hâtivement les autres papiers pour voir si elle pouvait compléter le puzzle, mais elle ne trouva pas d'autres morceaux.

Qu'est-ce que cela signifiait ? Quelqu'un, à l'hôpital, avait reçu une lettre où il était question d'«un accident», et Bonnie avait trouvé – ou chapardé – un fragment de cette lettre. Et alors ? Jane n'avait pas le monopole des accidents.

...ttendant, envoyez Leroy l'intimider...

Envoyez Leroy intimider qui ? Elle ? L'homme à la Cadillac... était-ce lui, le fameux Leroy ?

...pital devait être «hôpital».

Comment interpréter *...tion de temps* ? Lotion ? Non, ça n'avait pas de sens. Ah! voilà : «Une question de temps».

...ous est impossible de faire quoi... Il nous est ? Il vous est ? «Il nous est impossible de faire quoi que ce soit.»

Quand elle sortira, puis : *un accident*.

«Tu perds la tête, pensa-t-elle. Voilà ce qu'ils te diront si tu leur montres ce papier en expliquant que tu es victime d'un complot.»

Bonnie continuait de piailler et de faire des efforts frénétiques pour récupérer son morceau de papier. Regardant autour d'elle, Jane avisa le chéquier sur sa table de chevet. Elle déchira un chèque vierge, qu'elle donna à Bonnie à la place de son autre trésor. La naine l'accepta, au comble de l'agitation, et Jane cacha le fragment de lettre sous son oreiller.

12

Lorsque la voiture apparut dans l'allée, Jane se sentit la gorge sèche comme du sable, au point qu'elle craignit d'être incapable de bredouiller une formule d'accueil. Austin avait téléphoné la veille pour demander au docteur l'autorisation d'emmener Jane dîner dehors et, depuis lors, la jeune femme était dans un état de fébrilité intense.

Il lui adressa un signe de la main et, se tournant vers Gillian – qui, de nouveau, n'avait pu résister au désir d'être là –, il dit avec une certaine affectation :

– Bonjour, madame Simpson. Heureux de vous revoir.

– Bonjour, monsieur Berquist. C'est une chance que vous ne veniez pas trop souvent, sinon Jane nous ferait une dépression nerveuse. Vous auriez dû la voir : elle s'est changée trois fois parce qu'aucune de ses toilettes ne lui semblait assez élégante. Était-elle déjà comme ça quand vous sortiez avec elle, dans le temps ?

– Toujours. Je devais lui donner des calmants avant chaque rendez-vous.

Jane aurait volontiers étranglé Gillian. Tout en examinant ses ongles, elle chercha une remarque désinvolte qui lui permettrait de désamorcer les révélations de l'infirmière. Elle se creusait encore la cervelle quand, soudain, Austin lui mit un bras autour des épaules, l'autre sous les genoux, et la souleva de son fauteuil. Jane, qui n'avait même pas pensé au problème de son transport, ressentit un mélange d'embarras... et d'autre chose. Elle lui noua les bras autour du cou pour se retenir ; ce faisant, elle éprouva le désir presque irrésistible de fermer les yeux et de l'embrasser. Au lieu de cela, elle se raidit et garda soigneusement ses distances.

– Amusez-vous bien ! lança Gillian, avant d'ajouter d'un ton chargé de sous-entendus : Mais pas *trop* quand même.

Jane sentit son irritation s'évanouir et ne put s'empêcher de plaindre la pauvre Gillian, qui n'avait aucune distraction en perspective. Dans la voiture, elle passa son temps à humer l'air et à admirer le paysage, feignant de s'intéresser à tout, enfilant comme des perles les commentaires ineptes. Austin lui jetait un coup d'œil de temps à autre, apparemment perplexe, mais ne participa guère à la conversation. Ils virent défiler successivement un terrain de golf parsemé de silhouettes aux couleurs vives qui évoquaient des fleurs sauvages ; un village animé où des femmes et des enfants faisaient de tardives emplettes ; des adolescents qui couraient dans tous les sens, au petit bonheur, tels des éphémères ; des troupeaux de vaches et de moutons qui paissaient avec leur progéniture. A la vue de ces derniers, Jane dit brusquement :

– Ils sont comme nous... ils ne savent pas qu'on les engraisse pour la mise à mort.

Cette fois, elle intercepta le coup d'œil qu'il lui lançait, et la fixité de son regard la déconcerta. Il parut sur le point de poser une question, mais se borna à dire d'un ton léger :

– *Moi*, je trouve merveilleux de voir comment la vie se renouvelle d'elle-même : le veau près de sa mère, les bourgeons sur les arbres, la peinture de l'église...

– La peinture de l'église ! Pensez-vous vraiment qu'elle se renouvelle *d'elle-même* ?

– Voilà toute la différence entre vous, les pessimistes, et nous, les optimistes.

– Ça me fait penser au tsar Machinchouette... comment s'appelait-il, déjà ?

– Tous les tsars s'appelaient Nicolas.

– Oui. Ça me fait penser au tsar Nicolas qui, pour la première fois, visitait la campagne en carrosse pour voir dans quelles conditions vivaient ses sujets. Tout avait l'air très prospère mais, en fait, ses hommes avaient repeint la façade des fermes et donné des vêtements neufs à quelques paysans en leur disant de danser et de prendre des mines réjouies. Et pendant ce temps, à l'intérieur des maisons, les enfants mouraient de faim...

– Tu as vraiment de sacrés souvenirs !

– Pour être parfaitement honnête, je ne me *souviens* pas du tsar Nicolas. J'ai lu ça dans un livre.

– Je m'en doutais un peu. La chirurgie accomplit des miracles, mais pas à ce point-là.

– Vous avez vraiment un sacré manque de tact. Avez-vous toujours été ainsi ?

– Ma foi... une langouste cantonnaise ne donnera jamais une langouste thermidor.

Comme elle riait de bon cœur, il reprit :

– Finalement, cette amnésie présente de gros avantages. Je peux ressortir toutes mes vieilles plaisanteries.

– Si certains faits historiques me reviennent en mémoire, c'est sans doute parce que... enfin, d'après le docteur, j'ai tendance à me rappeler tout ce que j'ai envie de me rappeler et à oublier tout ce qui est désagréable.

– Evidemment, il n'y a rien de plus agréable que le vieux tsar Machinchouette et rien de plus désagréable que moi.

– Austin, nous n'étions pas fiancés au moment de l'accident. Pourquoi ?

Il ralentit, examina un panneau de signalisation avant de tourner à gauche.

– Qu'en sais-tu ?

– Je ne portais pas de bague de fiançailles.

– Tu me l'avais rendue ce même soir, pendant le dîner. Pour la deuxième ou troisième fois. Mais comme j'avais déjà acheté les places de théâtre, j'ai proposé que nous allions quand même voir la pièce.

A voix basse, comme pour lui-même, il murmura :

– Si tu avais été un peu moins raffinée, si tu m'avais injurié et planté là, nous ne serions pas allés...

– Pourquoi vous avais-je rendu la bague ? Nous nous étions disputés ?

– Une fois de plus, répondit-il d'un air absent. Je me demande combien il y a de personnes qui ont manqué la pièce, ce soir-là, pour un motif anodin – une querelle, une migraine, un rhume – et qui ont donné leur place à un malheureux parent, à un ami...

Un frisson la parcourut. Obstinée, elle insista :

– A quel sujet nous étions-nous disputés ?

– Je ne m'en souviens pas... Ah ! si : la veille au soir, tu avais rencontré un ancien chevalier servant et tu l'avais accompagné à une soirée. Je t'ai fait observer qu'une jeune fiancée ne devait pas sortir avec d'autres hommes, ce à quoi tu m'as rétorqué que ce n'était pas un homme mais un vieil ami. Moi, je t'ai dit que ça m'était égal, au fond, mais que je n'acceptais pas l'idée que tu fasses avec un autre ce que tu faisais avec moi : criaillier, chicaner, récriminer...

Le seul fait de se remémorer la scène semblait l'avoir énervé. Il s'en rendit compte et s'interrompit net.

– Bah ! dit-il d'un ton léger. Du passé, faisons table rase. Rien ne sert de pleurer sur le lait renversé...

– Inutile de fermer la cage quand les oiseaux sont envolés, renchérit-elle.

Il fit une brusque embardée pour éviter une voiture remplie d'adolescents qui fonçait droit sur eux.

– Les autochtones sortent en force, aujourd'hui.

– C'est à cause des voitures. Elles ont des tas d'innovations.

– L'opinion est unanime à penser qu'on devrait mettre tous les adolescents en hibernation jusqu'à ce qu'ils aient atteint l'âge adulte.

– Je déclare forfait, dit-elle avec un petit rire.

Tournant la tête, il la regarda. Ils se sourirent mais, peu à peu, leurs sourires se transformèrent en autre chose. Elle se sentit déconcertée. Elle qui, un instant plus tôt, avait tenté de détourner la conversation, demanda subitement :

– Et *vous*, que vous est-il arrivé le soir de l'incendie ?

Elle ne s'était pas doutée, avant de formuler la question, que celle-ci germait dans son esprit.

L'expression du visage d'Austin la fit penser au rêve dans lequel sa mère la mettait en garde contre lui.

– Pas grand-chose, dit-il enfin. Je suppose que si j'avais réagi plus vite, j'aurais pu t'en sortir à temps. Malheureusement, j'ai trop hésité. Certains spectateurs ont eu le bon sens de se lever et de partir dès qu'ils ont senti la fumée. Mais toi et moi... nous étions du genre à penser que ce n'était pas convenable de paniquer.

Cessant de parler à Jane, il se parla à lui-même :

– *Convenable !* Il n'y a pas eu beaucoup de réactions convenables, ce soir-là, dans ce théâtre. Ce fut la plus horrible... non, je ne devrais pas dire ça. Certaines personnes ont été... je ne trouve pas de mot assez fort. En période de guerre, ce sont ces gens-là qui reçoivent la Médaille d'honneur du Congrès. Je me souviens d'un homme... un individu qui, au début, a crié «'Seyez-vous !» pour éviter la débandade, et qui s'est efforcé jusqu'au bout de calmer la foule. Je l'ai vu agripper des enfants et les lancer à un autre homme, en une sorte de chaîne... je ne sais pas si tu te rappelles... non, bien sûr que non... il y avait beaucoup d'enfants, parce que c'était une pièce où on pouvait les emmener. Pour en revenir à cet homme, il était tout près d'une sortie, mais il n'a pas fait le moindre mouvement dans cette direction; il était trop occupé. Je ne sais pas ce qu'il est devenu...

Il s'interrompit. Son visage hâlé était jaunâtre, et il avait de fines rides autour de la bouche et des yeux.

– Je préférerais ne pas en entendre davantage, dit-elle.

– C'était incroyable... Bien sûr, j'avais lu ce genre de choses dans des livres, mais je ne... je n'aurais jamais imaginé que des gens puissent se comporter ainsi. Il y avait un couple de personnes âgées... le mari essayait d'aider sa femme... ils n'ont pas pu s'en sortir. Il y avait aussi une jeune femme avec un enfant... j'ai tenté de les retenir, mais le gosse a été brusquement emporté, je ne sais comment... peut-être quelqu'un l'a-t-il attrapé pour l'empêcher de tomber... Et puis une moitié du balcon s'est effondrée... tu es tombée la première... je t'ai vue disparaître, mais je n'ai pas pu... tout est arrivé trop rapidement. Non : beaucoup trop lentement, en fait...

Il prit une profonde inspiration avant de conclure, d'un ton passionné :

– J'espère que tu ne t'en souviendras *jamais*.

Elle crispait les poings avec une telle force que les ongles s'enfonçaient dans ses paumes et que ses articulations étaient blêmes. Une machine bourdonnait dans son cerveau, comme si, dans une vaste salle souterraine, un appareil fabriquait en série quelque innommable produit.

– Ensuite, reprit-il, l'autre moitié du balcon – celle où j'étais – a cédé à son tour. Elle s'est effondrée au-dessus de la tienne, je crois. Je me rappelle avoir pensé en tombant : «Dieu merci, c'est terminé...»

Une étrange expression passa sur son visage, effaçant toute émotion de ses traits, comme s'il venait de se remémorer un fait qui démentait tout ce qu'il avait dit. D'un ton plus posé, il continua :

– Quand j'ai repris connaissance, j'étais à l'hôpital. Ce qui m'a le plus impressionné, sur le moment, c'est le silence. Après cet effroyable tumulte... rien, le néant. Des murs blancs, des draps propres, des voix feutrées dans le couloir... Et j'étais à peine blessé : diverses brûlures et quelques côtes cassées. Le hasard... Tout dépendait de l'endroit où on était assis et de la façon dont on était tombé. Certaines personnes occupant des sièges voisins ont été complètement... enfin, elles ont eu des destins complètement différents.

«Bref, j'ai tout de suite demandé de tes nouvelles. A ce moment-là, les médecins ne savaient pas très bien si tu allais t'en sortir. Outre la chute que tu avais faite, tu étais brûlée à plus de cinquante pour cent. Si je n'avais pas...

– Ça suffit, dit-elle.

La douceur de sa voix la surprit. Elle s'était attendue à un cri. Elle voulut plaquer les mains sur ses oreilles, pour étouffer non pas les hurlements mais le bourdonnement de la machine. Grâce à un effort de volonté, elle parvint à garder les mains sur ses genoux.

– D'accord, dit-il avec brusquerie. Ton tailleur me plaît beaucoup. Ça, c'est un sujet de conversation qui marche toujours avec toi.

Elle baissa les yeux sur son tailleur en laine blanche. D'une voix lente, elle murmura :

– Vous dites cela comme si... euh, quel est le mot ? Serait-ce que j'ai toujours porté un intérêt excessif aux vêtements ?

– Parce que tu ne te souviens même pas de *ça* ? Voilà au moins une bonne nouvelle. Je vais me lancer dans la chirurgie du cerveau afin d'ôter les cellules qui commandent l'intérêt pour les vêtements, entre autres. «Et vous, monsieur Berquist, que faites-vous dans la vie ?» «Eh bien voilà... je suis chirurgien à temps partiel. Ma spécialité, ce sont les opérations bénignes. Travail net, sans bavures...»

– Propreté assurée. Poubelle à disposition pour les bouts de cervelle indésirables...

– Ménagères d'Amérique, que faites-vous de vos loisirs ? Devenez chirurgiens du cerveau, spécialistes du cœur...

– Apprenez en dix semaines grâce à nos cours par correspondance. Résultats garantis. Si vous n'êtes pas totalement satisfaits, nous restituons les bouts de cervelle que nous avons prélevés.

Le bruit de la machine avait diminué, comme s'ils quittaient la partie du monde où s'effectuait ce travail souterrain. Elle eut cependant une dernière pensée sur le sujet : lorsque l'incendie du théâtre serait devenu l'une de ces catastrophes célèbres dont les survivants se réunissent chaque année pour échanger leurs souvenirs, elle serait la seule à ne rien pouvoir raconter du tout.

A haute voix, elle dit :

– Tout va mal. J'ai maigri et la mode a changé. Même mes souliers sont démodés. Aujourd'hui, on les porte avec des bouts plus carrés et des talons moins hauts.

– Passionnant. Tout bonnement passionnant. Pour ce qui est de la mode masculine, on a rétréci les revers de veste d'une quinzaine de millimètres, et je crois savoir que la fente de derrière – si tu me passes l'expression – n'est absolument plus au goût du jour. Les revers de pantalon sont un chouia plus courts...

Il quitta la route pour tourner dans une allée. Sur le moment, Jane crut qu'il l'emmenait dans une vaste demeure privée, mais elle vit la discrète enseigne annonçant qu'ils se trouvaient à l'Auberge de Revere. Austin la souleva à nouveau dans ses bras et ils longèrent un ruisseau au bord duquel étaient disposées des tables et des chaises. Il la transporta à l'intérieur de l'auberge et l'installa à une table pour quatre, près d'une énorme cheminée en pierre. L'éclairage était tamisé et le décor évoquait l'époque héroïque de l'Amérique : poutres sombres, étains, portraits de pionniers...

A peine étaient-ils assis qu'un homme et une femme quittèrent le bar pour venir vers eux. Austin se leva aussitôt et, sans un mot, avança une chaise à la femme. Une fois le couple installé, Jane se tourna vers Austin, l'air interrogateur ; elle croisa son regard attentif, scrutateur. Ne comprenant toujours pas, elle adressa un sourire hésitant aux deux apparents intrus.

– Jane, ma chérie, tu ne te souviens pas du tout de moi ? gémit la femme.

Alors Jane comprit. Austin utilisait la tactique du choc psychologique.

– Non, je regrette, dit-elle avec froideur.

Elle avait du mal à parler, tant était grande sa déception de ne pas avoir un dîner en tête à tête.

La femme prit la main de Jane et la tapota.

– Peu importe. De toute façon, l'idée n'était pas si formidable que ça.

– Liz et Fred Dickinson, déclara Austin. Ce sont de vieux amis. Liz et toi, vous avez fait vos études ensemble.

– J'avais bien dit à ces deux lascars de te mettre dans le coup, Janie, dit Fred Dickinson.

– C'est très bien ainsi.

Elle but une gorgée d'eau pour chasser la boule qui lui obstruait la gorge. Les trois autres se mirent à bavarder, comme pour lui laisser le temps de se ressaisir, mais elle sentit qu'Austin, bien qu'il s'adressât à Liz et à Fred, concentrait toute son attention sur elle.

Au bout d'un moment, elle s'aperçut que Liz, à l'instar de tous les gens qu'elle avait rencontrés récemment, lui reconstituait une partie de son passé.

– ... véritable pimbêche à l'époque. Je te le dis comme je le pense. Ce n'est pas maintenant que je vais commencer à faire des politesses. En ta présence, je me sentais toujours empruntée, godiche. Je ne suis pas tellement plus grande que toi, mais tu étais si adorable, si gracieuse dans tes mouvements, qu'on me considérait toujours comme une géante comparée à toi. Tu étais capable de faire *n'importe quoi*. N'importe quoi d'important, j'entends : par exemple, jouer au hockey, faire de la natation, battre tout le monde au tennis et au golf... Moi, tout ce que pouvais faire, c'était avoir de meilleures notes que toi. Parce que tu t'en fichais, tout simplement. Les garçons me complimentaient sur mon profil grec, mais c'était *toi* qu'ils invitaient à sortir avec eux.

Le serveur s'approcha de leur table et Austin commanda des cocktails, sans la consulter. Dès que Liz eut fini de parler, Fred prit le relais, comme s'ils redoutaient tous le silence.

– Liz a même attendu que je la demande en mariage pour te présenter à moi. Elle pensait que, à ce moment-là, je ne pourrais plus me rétracter.

– Les chirurgiens ont fait un travail remarquable, Jane, dit Liz. Tu es superbe.

Son mari émit un gémissement.

– Laissez, lui dit Jane. Je tiens à ce que vous soyez naturels, tous.

– Tu vois ? dit Liz. J'étais sûre qu'elle ne voudrait pas qu'on la traite comme une porcelaine délicate. Je parie que tout le monde...

– A vrai dire, murmura-t-elle, *personne* ne m'a traitée comme une porcelaine délicate.

– ... y est allé sur la pointe des pieds. Si tu fais allusion à Austin, là, dis-toi bien qu'il a toujours été assez impoli. Quoi qu'il en soit, tu es superbe. Et, à mon avis, ce qui est arrivé à tes cordes vocales constitue une amélioration. J'aime bien cette voix rauque. A en croire Austin, tu seras bientôt capable de remarcher. J'espère quand même que tu seras moins douée pour les sports. J'adorerais te battre au tennis.

Fred regarda Austin en roulant des yeux effarés, mais les cocktails arrivèrent sur ces entrefaites. Jane vit un verre à pied rempli d'un liquide incolore. Il y avait également une assiette de radis et d'olives, ainsi qu'une corbeille de pain chaud et croustillant.

– Tchin-tchin ! dit Liz.

Jane but une longue gorgée, battit des paupières et posa son verre.

– Vous voulez que je vous dise ? Il me manquait quelque chose dans la vie, et je sais enfin ce que c'est.

Les autres éclatèrent de rire.

– On la retrouve de mieux en mieux, dit Austin.

Elle aspira de profondes goulées d'air, comme si elle voulait tout absorber : la nourriture, l'atmosphère de l'auberge, la présence de ses compagnons de table, les couleurs des vêtements, les fragments de conversation qui lui parvenaient («Mais à mon âge, ma chérie, il n'y a que deux choses qui comptent : l'argent et le pouvoir»), y compris l'odeur du feu de bois.

– Que prendras-tu ? demanda Austin après avoir commandé une seconde tournée.

– Je ne sais pas. Commandez-moi ce que j'aimais le mieux... avant.

– Tu suivais toujours un régime. Mais enfin, d'accord. (S'adressant au serveur, il dit :) Du rosbif avec ce que vous avez comme légumes verts. Surtout, pas de pommes de terre.

– Oh, que c'est déprimant ! dit-elle. Laissez, je vais m'en occuper moi-même. Je prendrai de la truite à la sauce au beurre et du homard avec des frites.

Liz haussa les sourcils.

– Continue comme ça et plus *personne* ne te regardera.

– Il y a quelqu'un qui la regarde en ce moment même, dit Fred en lançant un coup d'œil par-dessus l'épaule de Jane.

Elle sentit un désagréable frisson lui parcourir l'échine. Vivement, elle se tourna pour voir qui c'était, mais elle avait la vue brouillée.

– Qui me regarde ?

– Cet homme, là-bas. Il vient de se lever pour passer dans l'autre salle.

– Comment est-il ?

Austin, qui avait fini de passer la commande, lui dit :

– Allons, tu n'es pas assoiffée d'attention *à ce point-là* ?

– Les hommes t'ont toujours regardée, ma douce, ajouta Liz, intriguée.

– S'il vous plaît... je ne peux pas vous expliquer. Décrivez-le-moi.

– Je ne sais pas, moi... le genre dandy.

– Bien habillé, vous voulez dire ?

– Ma foi... chacun ses goûts, mais...

– Etait-il blond et plutôt petit ?

– Je ne l'ai pas regardé de si près, je ne pensais pas que ça te bouleverserait à ce point. Le hasard a voulu que cet homme passe par là et qu'il tourne la tête...

– Vous avez dit qu'il s'était levé pour aller dans l'autre pièce quand nous nous sommes tournés vers lui. Je vais aller aux toilettes, en m'arrangeant pour passer devant sa ta... Oh ! j'oubliais. Je ne peux pas.

Elle les regarda, désemparée, et ils se mirent à rire.

– Qu'est-ce que je ferai si... ? Austin ne pourra pas me porter.

– C'est un problème, admit-il.

L'arrivée de son premier plat la détourna de ses pensées. Elle fouilla de nouveau la pièce du regard, mais tout était flou. Sans plus insister, elle attaqua son dîner.

– C'est divin !

Elle mangea goulûment, comme si elle n'avait pas vu de nourriture depuis des années. Cela lui valut des commentaires sans détour de la part des autres.

– Excusez-moi, dit-elle, mais n'oubliez pas que je suis au ragoût depuis des mois.

– J'ai hâte de te mettre à la cuisine française, lui dit Austin, comme si elle était un bébé à l'âge du biberon.

Elle lui lança un bref coup d'œil, mais il était occupé à allumer une cigarette.

Le temps qu'elle termine son plat et se rince les doigts, l'effet des cocktails – auxquels elle n'était pas habituée – et le fait de se trouver en compagnie de ses plus vieux amis avaient eu raison de sa prudence. Plongeant la main dans son sac, elle leur montra le morceau de papier qu'elle avait chipé à Bonnie.

– Regardez ça.

Austin examina le papier, le retourna pour voir s'il y avait autre chose au verso, puis le tendit à Fred.

– Et alors ? demanda-t-il, surpris.

Elle s'était attendue à une réaction plus marquée. Son cœur se mit à palpiter.

– Je l'ai trouvé dans le bric-à-brac de Bonnie, dit-elle d'une voix hésitante. Bonnie est la malade qui... une naine qui ramasse des détritus dans les corbeilles et chaparde des bricoles dans les poches des gens...

– Oui ?

Elle se surprit à bredouiller.

– Eh bien... ça ne vous paraît pas, euh... samanant ?

Les trois autres évitèrent soigneusement de se regarder.

– Tu veux sans doute dire «menaçant», déclara Austin d'un ton neutre.

– Oui, dit-elle, contrariée de sentir une note d'excuse s'insinuer dans sa voix. J'ai encore des difficultés à trouver mes mots. En fait, je m'explique mal. Mais j'ai besoin de me confier à quelqu'un et vous êtes...

Elle les regarda d'un air implorant, mais l'atmosphère de franche camaraderie qui régnait quelques instants plus tôt s'était dissipée. Ils semblaient déconcertés, et elle regretta d'avoir abordé le sujet. Mais maintenant que le mal était fait, elle devait s'expliquer. Elle dit vivement :

– Figurez-vous que, l'autre jour, un homme comme celui que Fred a vu m'observer tout à l'heure...

– Je n'ai pas dit qu'il t'observait, objecta Fred avec circonspection. J'ai dit qu'il te regardait.

– Ah... Enfin, bref, un petit homme blond est venu à la clinique et m'a tenu des propos étranges.

– Qui était-ce ? s'enquit Austin.

– Je n'en sais rien.

– Qu'a-t-il dit ?

– J'ai du mal à me rappeler. Attendez... il s'est montré plus ou moins menaçant...

– Il t'a *menacée* ?

– Non, pas exactement. Mais il semblait... par exemple, il savait que j'avais perdu la mémoire...

– C'était sans doute un parent d'un autre malade qui lui avait dit...

– Non. Il n'a parlé avec personne d'autre. Juste avec moi. Il a dit que je faisais semblant d'être amnésique...

– Pourquoi ferais-tu une chose pareille ? demanda Liz.

Austin parut brusquement se désintéresser de la conversation. Il resservit chacun de café.

– Comment le saurais-je ? dit Jane. Il a ensuite insinué que la clinique, c'était beaucoup plus agréable que les incendies et les accidents...

– Jane..., dit Austin.

Elle le regarda, surprise par le ton de sa voix, mais il était absorbé dans la contemplation de la cafetière.

– Ce que tu racontes n'a pas de sens, acheva-t-il.

Inexplicablement, elle eut peur. Leurs visages l'effrayaient.

– C'est pourtant la vérité, dit-elle en haussant la voix. Il m'a avertie qu'il m'arriverait malheur si je me rappelais ce qui s'était passé avant l'accident.

– Du calme. Qu'est-ce que ça pouvait lui faire, que tu retrouves la mémoire ou pas ?

– Comment le saurais-je ? Il a dit que des espions me surveillaient...

– Il t'a dit ça ? Il a *dit* qu'il te faisait espionner ?

– Non, pas vraiment. Il a dit qu'il avait des amis partout...

– Ce n'est pas exactement la même chose.

– Vous m'embrouillez. Vous avez l'air de me croire folle.

Ils se ressemblaient étrangement, tous les trois. Comme si on avait effacé toute expression de leurs visages.

– Il était horrible. Je... je ne peux pas vous donner d'exemple précis, mais tout en lui était ramotant...

– Pardon ? dit Fred.

– Elle veut dire «révoltant», expliqua Austin du même ton neutre.

Désespérée de le voir si distant, elle essaya de briser cette carapace d'indifférence.

– Révoltant, c'est ça. Je n'y peux rien si des mots m'échappent de temps en temps. Je suis quand même saine d'esprit. Il m'a menacée, je vous assure ; ce n'était pas explicite, mais ça se sentait. N'avez-vous jamais senti le mal chez quelqu'un ?

Elle s'aperçut qu'elle édifiait un mur autour d'elle.

– Et si j'en parlais au Dr. Stires... ? dit Austin en buvant une gorgée de café.

– Il ne m'a pas crue, lui non plus. La seule qui pourrait me croire, la seule qui ait entendu la voix, c'est...

Elle s'interrompit net. Elle n'avait pas eu l'intention d'évoquer l'incident de la nuit précédente. Compte tenu de leur réaction devant un morceau de papier qu'ils pouvaient toucher, comment réagiraient-ils si elle leur racontait une histoire de voix désincarnée ?

– La voix ? répéta Liz.

– Oh ! zut... je ne comptais pas vous en parler. Je savais que, pour le coup, vous me croiriez *vraiment* folle... Zee l'a entendue, cette voix, et maintenant elle a disparu.

– Tu ferais peut-être mieux de commencer par le début, dit Austin.

– A quoi bon ?

Elle jeta un regard circulaire dans la salle. Apparemment, tous les autres dîneurs passaient un excellent moment. Mais leur table, elle, était le centre d'un vacuum, d'un espace mort dans lequel rien ne bougeait. Enfin, si... quelque chose bougeait : une ombre insidieuse, maléfique, de plus en plus proche, qu'elle seule pouvait voir.

– La nuit dernière, dit-elle d'une voix sourde, j'ai été réveillée par de la musique. Un air de boîte à musique. Oh ! je devine ce que vous pensez, mais je l'ai bel et bien entendu. Ensuite, une voix m'a appelée : «Jane... Jane...», comme ça, plusieurs fois de suite. La voix m'a dit de ne pas me rappeler l'accident ni rien de ce qui avait précédé. Elle a dit que j'étais surveillée, que si jamais je retrouvais la mémoire ou si je me confiais à quelqu'un, il m'arriverait un terrible malheur.

Un silence de mort suivit ses paroles. Elle se sentit seule, abandonnée dans un immense désert avec cette chose maléfique pour toute compagnie. Elle ne regarda pas les trois autres. Elle ne se sentait pas le courage d'affronter l'expression qu'elle s'attendait à lire sur leurs visages. Sentant les larmes lui picoter les yeux, elle pria le ciel de ne pas craquer en public.

– Le médecin m'a appris que Zee était partie, en effet, déclara Austin d'un ton uni. Qu'allais-tu dire, tout à l'heure ? Qu'elle avait entendu ce... cette voix, elle aussi ?

– Oui. Et le lendemain, elle n'était plus là.

– Mais ma chérie, déclara Liz avec délicatesse, cette femme est bien... était bien... euh, une négresse ? Ces gens-là ont souvent un comportement irresponsable...

– Pas Zee. Certainement pas. Et pendant que j'y suis, autant vous raconter le reste. Quelqu'un m'a tiré dessus.

– Tiré dessus...

La voix d'Austin était aussi morne que la sienne.

– Oui. Ça venait des bois. C'était peut-être un simple chasseur, bien sûr, mais le coup est passé terriblement près. Si je n'avais pas bougé, la balle m'aurait atteinte.

Sa voix s'éteignit. Elle les regarda, et c'était bien ce qu'elle avait prévu : leurs visages étaient fermés. Pas hostiles ; juste voilés. Comme s'ils s'étaient reculés pour éviter tout contact avec quelque chose de malpropre.

Elle murmura :

– Je me fais l'effet de... d'un animal attaché à un piquet, près d'un étang : une brebis destinée à servir d'appât pour attirer un lion ou je ne sais quel fauve. Et bientôt... très bientôt, le lion va venir se désaltérer à l'étang.

13

Lorsqu'elle arriva le dimanche matin pour aider Jane à s'habiller, Gillian déclara :

– C'est vraiment bizarre, cette histoire.

La jeune femme sentit les battements de son cœur s'accélérer.

– Quoi donc ?

– Figurez-vous qu'hier soir, après votre départ, la sœur de Zee a téléphoné... la mère de Gib, vous savez ?

– Ah oui ? dit-elle, prenant soin de garder un ton uni.

– Elle voulait savoir pourquoi Zee ne s'était pas pointée hier après-midi comme d'habitude.

Elle ferma les yeux un moment et se laissa passivement installer dans le fauteuil roulant. Tandis que Gillian énumérait les différentes possibilités (Zee s'était enfuie avec un homme ; Zee s'était sauvée avec la caisse...), elle s'efforçait de réfléchir.

– En avez-vous parlé au docteur ? demanda-t-elle, coupant Gillian au milieu d'une phrase.

– Personnellement, vous n'êtes pas très polie, déclara Gillian au mépris de la grammaire mais avec bonne humeur. Vous m'avez interrompue.

– Excusez-moi. C'est important.

– Vous me croyez folle ? Que dirait le docteur si je l'appelais un dimanche matin, de si bonne heure, pour lui annoncer que Zee n'est pas rentrée chez elle hier soir ? D'autant qu'elle ne fait plus partie du personnel.

– Il faut le mettre au courant, insista-t-elle.

– Qu'est-ce qui vous excite comme ça ? Je lui en parlerai plus tard.

– Ecoutez, Gillian, faites quelque chose pour moi. Téléphonez à la sœur de Zee et dites-lui d'appeler immédiatement la police... le service des personnes disparues. Mon Dieu, pourvu qu'il ne soit pas trop tard !

– Vous perdez la tête ? s'exclama Gillian, sidérée. Je me vois appelant la sœur de Zee pour lui dire de prévenir la police ! Vous savez bien que les gens comme Zee n'en font qu'à leur tête. Je ne suis pas raciste, Dieu sait, et Zee était une brave fille – pas une profiteuse – mais elle est comme elle est et personne n'y peut rien.

– Pourriez-vous me rendre ce petit service ? dit Jane avec lassitude. S'il vous plaît ?

– Franchement, Jane, je voudrais bien, mais c'est impossible. Par contre, je vous promets de le dire au docteur.

Tout en bavardant, elle conduisit Jane dans la salle à manger et s'en fut vaquer à ses occupations. Son petit déjeuner terminé, Jane sortit sur la terrasse et observa les mésanges à tête noire qui sautillaient sur la pelouse. Les journaux dominicaux n'étaient pas encore arrivés et elle avait oublié de se munir d'un livre avant de quitter sa chambre. Des visions, des lambeaux de conversations, des odeurs, des saveurs même l'assaillirent, flottèrent autour d'elle, essayant d'ancrer un souvenir dans son esprit. Tous ces éléments formaient dans sa tête une mosaïque compliquée, un mélange de couleurs et de dessins détaillés qui devenaient de plus en plus intéressants à observer.

«Sacrés souvenirs, avait dit Austin. Tu as vraiment de sacrés souvenirs.» De quoi parlait-il donc ? Ah ! oui : d'histoire.

– Regarde toutes les histoires qu'il a eues, disait sa mère. Tu ne peux pas en faire abstraction. Dès l'âge de quatorze ans...

La piste s'arrêta là. Dès l'âge de quatorze ans, quoi ? De quoi avaient-elles discuté ?

Un mouvement, à la limite extérieure de son champ

de vision, lui fit tourner brusquement la tête. Elle ne vit rien. Simple oiseau, sans doute.

Qu'était-il arrivé à Zee ? Et qu'allait-il lui arriver, à *elle* ? S'ils l'attaquaient de nuit, surtout après l'avoir droguée, elle ne pourrait pas appeler à l'aide...

Droguée.

Voilà ce que sa mère avait dit :

– Dès l'âge de quatorze ans, il faisait partie d'un gang qui vendait de la drogue.

– Un *gang* ? De la *drogue* ? Il était au lycée à l'époque, pas dans les rues de...

– Cela prouve qu'il était foncièrement mauvais au départ. Il a été renvoyé de son lycée et, s'il a été accepté dans une autre école, c'est uniquement grâce à son oncle, qui avait fait un don très important...

– Comment sais-tu tout cela ?

– Par une amie qui avait son fils dans la même école. Et ce n'est pas tout : plus tard, il s'est mis à fréquenter des organisations louches, raides...

Des organisations louches, raides ? Qu'est-ce que cela signifiait ?

Avec la soudaineté de l'éclair, un sentiment d'urgence l'envahit. Elle avait quelque chose à faire, quelqu'un à appeler. Cette impression n'était pas neuve ; elle remontait à un temps lointain. C'était comme si Jane s'était endormie, consciente d'avoir un coup de fil très important à donner le lendemain, puis qu'elle se soit réveillée, toujours consciente de l'urgence du coup de téléphone, mais ayant oublié qui elle devait appeler.

– Ils téléphonaient aux gens la nuit. (C'était de nouveau sa mère qui parlait. Avec quelle facilité sa voix lui revenait !) C'était l'une de ses distractions favorites quand il était jeune : appeler les gens à trois ou quatre heures du matin pour leur raconter des horreurs. Son cœur est rempli de haine ; tu n'as qu'à l'écouter. Il déteste tant de gens, tant de choses... Chez les voyous ordinaires, ça se manifeste sous la forme d'agressions ou de meurtres gratuits. Chez des garçons comme lui, appartenant à un bon milieu, ça prend une forme différente : on adhère à des organisations qui sont à la limite de la légalité, juste assez acceptables pour donner un semblant de respectabilité aux crimes qu'on a envie de commettre...

Adeline, la fille de Gillian, sortit de la maison, poussant Helen – la paraplégique – dans son fauteuil roulant. Elle l'installa dans un coin ombragé de la pelouse, lui mit une couverture sur les jambes et s'en alla. Qu'avait bien pu éprouver la mère d'Helen en découvrant qu'elle avait donné naissance à *ça* ? se demanda Jane. Et pourquoi avait-on prodigué tant de soins à cette épave durant toutes ces années ?

Cette pensée l'effraya, lui rappela une autre voix – qui, cette fois, n'était pas celle de sa mère :

– A quoi servent-ils ? Songe à quel point la race humaine serait améliorée si on éliminait ces sujets tarés.

– Mais *toi*, qui es-tu pour décider que tel ou tel doit être éliminé ? Et jusqu'où cela irait-il ? On commencerait par les gens comme eux, et puis...

Il sembla à Jane qu'un muscle du visage d'Helen avait tressailli. Se pouvait-il que des pensées fussent emprisonnées dans ce cerveau ? Peut-être était-elle dans le même cas que ce soldat qui avait perdu les bras, les jambes, l'ouïe, la vue, la parole... mais dont le cerveau continuait à fonctionner comme avant. La mort n'était-elle pas encore préférable ?

Suivi de Hopeless, Dick passa devant elle d'un pas nonchalant, en souriant tout seul. Le chien lui reniflait les talons mais Dick ne lui accordait aucune attention. Jane se fit la réflexion qu'elle n'avait jamais vu aucun des malades prendre le chien dans ses bras ou témoigner de l'affection à un animal quelconque. Même Marlene, quand elle donnait des graines aux oiseaux, semblait poussée par le vague souvenir d'un devoir à accomplir : c'était une obligation morale, comme le fait d'aller à la messe. Et pourtant, elle aurait pu passer pour normale à pratiquement n'importe quelle réunion mondaine.

– Votre fiancé a appelé.

Elle leva la tête. C'était le médecin.

– Il lui sera impossible de venir ce week-end.

Le choc fut presque insupportable. D'abord Zee, maintenant Austin. Tout le monde l'abandonnait. Les personnes qu'elle avait le plus de chances d'arriver à convaincre s'en allaient les unes après les autres, comme les pelures d'un oignon. Dans le cas de Zee, c'était involontaire, elle en était sûre; Austin, lui, avait jugé qu'elle était incurable et que c'était inutile de la revoir.

– Il doit se rendre à un congrès à Washington, expliquait le docteur.

– Etes-vous au courant que la sœur de Zee a téléphoné ? demanda-t-elle d'une voix sourde.

– Oui.

– Lui avez-vous suggéré, par hasard, d'alerter le service des personnes disparues ?

– Il se trouve que oui.

Surprise, elle le regarda et s'aperçut qu'il souriait.

– Cela signifie-t-il que vous commencez à me croire ?

– Je vous *crois*, répondit-il en appuyant étrangement sur le dernier mot.

– Et *ça*, qu'est-ce que cela signifie ?

– Je crois que vous pensez *vraiment* avoir entendu des voix l'autre nuit, mais... selon moi, ce n'était qu'un rêve particulièrement réaliste.

– Je vois.

Le regard fixé sur le pavillon désert, de l'autre côté de la route, elle décida de poursuivre la conversation en se limitant aux points essentiels.

– Que vous a dit la sœur de Zee ?

– Qu'elle préviendrait la police si elle n'avait pas de nouvelles d'ici à ce soir.

– Elle compte attendre jusqu'à ce soir ?

– Ecoutez, c'est la parente la plus proche de Zee. C'est à elle de décider.

– Je sais. Vous ne pouvez pas faire davantage.

Plus pour elle-même que pour le docteur, elle ajouta :

– Je me demande si je ne devrais pas tout raconter à la police. Tant de gens sont déjà au courant...

Il se passa une main dans les cheveux.

– Je suis persuadé que vous êtes en sécurité ici. Il y a toujours du monde dans les parages. A propos, votre nouvelle infirmière sera là demain.

– Vous avez engagé une infirmière ? dit-elle, anxieuse.

– Oui.

– Comment l'avez... je veux dire, où l'avez-vous trouvée ?

– Où je l'ai trouvée ? Miséricorde ! Qu'y a-t-il encore ?

– Rien.

– Si vous voulez tout savoir, c'est votre tuteur qui nous a suggéré son nom. Pour en revenir à la police, je vais l'appeler, mais préparez-vous à... enfin, dites-vous bien que vous êtes ici dans une clinique *psychiatrique*. Ils auront tendance à penser que les malades sont... euh... sujets à caution. Bien sûr, je leur dirai que vous êtes parfaitement saine d'esprit, mais il faudra bien que je leur parle de votre amnésie et des blessures...

– Seigneur ! murmura-t-elle, si bas qu'il l'entendit à peine. Je voudrais tant avoir quelqu'un en qui je puisse avoir confiance. Quelqu'un qui me croie...

– Vous pouvez avoir confiance en moi, Jane, dit-il d'un ton apaisant.

Mais il n'ajouta pas qu'il la croyait. Jane eut l'impression de courir dans un tunnel envahi de soyeuses toiles d'araignées qui ne pouvaient pas la blesser mais qui adhéraient à ses jambes, l'empêchant d'avancer.

– Si vous y tenez vraiment, dit-il, j'appellerai la police.

– Dites-leur... enfin, conseillez-leur de venir en civil. Pas en uniforme. Si jamais quelqu'un me surveille...

– Ma foi, je ne sais pas si je puis les conseiller en matière vestimentaire, mais je ferai de mon mieux.

– Surtout, qu'on ne vous entende pas téléphoner... Mon Dieu, j'y pense ! Ils se déplacent toujours par deux, n'est-ce pas ? N'importe qui devinera...

– Comment savez-vous qu'ils se déplacent par deux ?

– Pardon ? Ah !... On n'arrête pas de me demander comment je sais telle ou telle chose. J'ai les souvenirs que je peux. En l'occurrence, j'ai dû lire ça quelque part.

– Alors, voulez-vous que je téléphone ?

– Je ne... supposez qu'ils ne me croient pas... Non, tant pis. Il faut encore que je réfléchisse.

– Très bien, dit-il patiemment.

Et il poursuivit sa tournée des malades, en commençant par Beth. Une voiture s'arrêta à la grille. Jane tourna vivement la tête, mais c'était simplement Marlene qui rentrait de l'église, raccompagnée par un paroissien. Elle s'arrêta près de Jane pour bavarder, et la jeune femme pensa avec tristesse : «Voilà quels sont mes amis, ma famille, mes seuls proches...» Au bout d'un moment, Marlene se leva pour aller se changer.

– Cela vous dirait-il de venir à l'église avec moi, dimanche prochain ? proposa-t-elle.

– Je regrette, mais... je ne peux pas marcher...

– Je trouverai bien quelqu'un pour vous emmener.

Jane pensa que c'était le moins qu'elle pût faire pour sa famille et ses amis.

– Entendu, dit-elle avec fermeté. Je viendrai.

Occupé à épandre un fongicide sur la pelouse, Kirk adressa un grand sourire à Jane, tandis que Marlene se dirigeait vers la maison.

– Vous devriez voir sa chambre : elle est remplie jusqu'au plafond de crucifix, de bibles et d'images pieuses. On n'a même plus la place de marcher. Ça constitue un véritable danger en cas d'incen... Oh ! je vous demande pardon.

– Il n'y a pas de quoi, dit Jane. Vous pouvez très bien parler d'incendie en ma présence.

– Je pensais...

– De toute manière, je n'en ai aucun souvenir. Du moins, je crois...

Sa voix s'éteignit. Soudain, relevant une mèche qui balayait son front, elle demanda :

– Et *vous*, comment a commencé votre maladie ?

A peine ces mots prononcés, elle vira au cramoisi. Elle n'aurait su dire si elle lui avait posé la question pour détourner la conversation ou, plus simplement, parce que le cadre et l'atmosphère de la clinique abolissaient toutes les barrières.

Le voyant faire un nouveau tour avec l'épandeuse, elle pensa qu'il allait ignorer la question, mais il revint vers elle en cambrant les reins, comme s'il avait mal au dos. Elle nota qu'il était très séduisant quand il se tenait bien droit.

– Excusez-moi, dit-elle. Je ne sais pas ce qui m'a pris de vous demander cela.

– En fait, ça s'est déclaré sans avertissement, dit-il, comme s'il avait fait cette réponse si souvent qu'il la connaissait par cœur. A ma connaissance, il n'y a jamais eu d'antécédents dans ma famille. Un jour, comme ça, j'ai eu une crise. J'ai ressenti une impression bizarre, un éclair devant les yeux... puis plus rien. A mon réveil, je me suis retrouvé allongé en pleine rue. J'aurais pu me faire très mal en tombant, mais j'étais heureusement avec un ami qui a freiné ma chute. Je suis allé voir un médecin qui m'a fait subir un tas d'examens. Et il m'a annoncé que j'étais épileptique.

– Oh ! dit-elle d'un ton navré. Mais... mais pourquoi vous faut-il rester *ici* ?

– Eh bien... la première fois que ça m'est arrivé, j'avais vingt-neuf ans. J'en ai aujourd'hui trente-quatre. J'ai pris des médicaments, et j'espérais pouvoir mener une vie parfaitement normale. Mais, un an ou deux après la première crise, ça a recommencé. J'étais au restaurant avec des amis... je n'ai rien senti venir. Ce fut une crise très... enfin, ce ne fut pas beau à voir. J'ai continué de travailler pendant encore deux ans – j'étais agent de change – mais j'avais des trous de mémoire et j'étais incapable de me concentrer. Là-dessus, j'ai eu une troisième crise... et là, je me suis sérieusement blessé. On m'a prévenu que c'était dangereux de persister à vouloir vivre comme si de rien n'était. J'ai subi d'autres examens, consulté d'autres médecins, et finalement...

– Vous êtes venu faire du jardinage ici, conclut-elle tristement.

Il l'observa un moment, puis :

– Ce n'est pas si terrible.

– Et votre famille ?

– Mes parents, vous voulez dire ? Mes sœurs ?

– Non. Je veux dire... euh... êtes-vous marié ?

– Non. J'étais fiancé quand j'ai eu ma première crise, mais après ça, bien sûr...

Bonnie s'approcha de Jane et déclara d'une voix très distincte :

– Courrier.

Jane fut médusée. Elle n'avait encore jamais entendu la naine s'exprimer avec clarté.

– Elle parle !

– Bof... elle articule un mot de temps à autre.

Hopeless apparut et renifla avec morosité les talons de Bonnie. Jane le siffla, l'attrapa d'un geste vif et le serra contre elle. Tous deux avides d'affection, ils commencèrent à se faire des câlins. Kirk les observa quelques instants, puis se remit au travail. Il parcourut méthodiquement la pelouse d'un bout à l'autre, telle une machine, jusqu'à ce qu'il eût couvert tout le terrain. Après quoi, il disparut dans la maison.

La silhouette debout près de la grille évoquait le serpent de quelque monstrueux jardin d'Eden. L'homme se tenait parfaitement immobile, le visage tourné vers Jane, comme s'il attendait depuis un moment qu'elle fût seule. Bien qu'elle ne vît pas ses traits, elle devina tout de suite qui c'était.

14

Il était toujours aussi impeccablement habillé. Cette fois, il portait un costume marron, une chemise beige et une coûteuse cravate ornée de chevaux caracolants.

– Bonjour, mademoiselle Wallcutt.

– Comment savez-vous mon nom ?

Elle voulut écarter son fauteuil mais l'homme, debout juste derrière, tenait fermement le dossier, comme s'il voulait aider Jane.

– Je vous l'ai dit : j'ai des tas d'amis.

Le plus discrètement possible, elle regarda autour d'elle, mais tous ceux qui étaient à portée de voix ne pouvaient lui être d'aucun secours.

– Vous ne m'avez pas écouté, lui disait-il. Vous devriez écouter quand on vous parle.

Bien que la peur l'enveloppât comme une brume, Jane voulut pousser l'inconnu à se compromettre au maximum, ne fût-ce que pour se persuader qu'il était réellement menaçant.

– Pourquoi vous me demandez pas de quoi je parle ?

Elle se souvint alors qu'il aimait la voir coopérer. Il imprima une légère secousse au fauteuil, pas suffisante pour le renverser, mais suffisante pour secouer Jane.

– Oups ! fit-il. J'ai trébuché.

– De quoi parlez-vous ? murmura-t-elle.

– Voilà qui est mieux. C'est poli de répondre quand

on vous parle, au lieu de faire les yeux ronds. Ma mère m'a toujours appris que c'était grossier de faire les yeux ronds. Je vous avais dit de pas chercher les ennuis, vous vous rappelez ? Vous les avez cherchés, les ennuis.

Il frotta le diamant qu'il portait au doigt et le regarda scintiller avant de poursuivre :

– J'entends par là que vous avez trop parlé. Une bonne femme peut s'attirer des tonnes d'ennuis en parlant trop.

– Comment savez-vous... je... qu'est-ce qui vous fait croire que j'ai trop parlé ? Parlé de quoi ?

Ils étaient trop loin de la maison pour qu'on pût l'entendre crier, mais elle savait que l'homme prenait plaisir à s'écouter pérorer. Si elle pouvait prolonger la conversation, peut-être Adeline ou Gillian finiraient-elles par sortir.

– J'ai des amis, j'arrête pas de vous le dire. Je voudrais d'ailleurs vous en présenter un.

Il jeta un coup d'œil vers la Cadillac. Jane sentit la peur s'épaissir autour d'elle en constatant que, cette fois, il n'était pas venu seul. Elle fut tentée de crier mais redouta de précipiter ainsi une issue violente. D'ailleurs, si des renforts accouraient, comment pourrait-elle expliquer sa conduite ? L'homme avait simplement suggéré de lui présenter un ami, rien de plus.

– Je parle pas de *lui*, dit-il. Un autre ami. On voudrait que vous veniez faire un tour avec nous.

Le cœur battant la chamade, elle fit brusquement pivoter son fauteuil. L'homme s'écarta d'un bond en poussant un juron.

– Vous avez failli bousiller ma chaussure, gronda-t-il d'un air mauvais. Qu'est-ce qui vous prend, bon sang ?

– Je n'ai pas envie d'aller me promener, dit-elle dans un souffle.

Devant l'expression effrayée de Jane, il recouvra son aplomb. Ecarquillant les yeux avec une feinte surprise, il susurra :

– Vous voulez pas vous promener ? Mais c'est assommant de rester assise à longueur de journée ! On vous ramènera à temps pour le dîner. Mon ami vous portera... enfin, si vous êtes sûre de pas pouvoir marcher.

– Vous savez très bien que je ne peux pas marcher, et je refuse de vous suivre. Je ne veux pas me promener. Je ne m'ennuie pas...

Il commença à pousser le fauteuil en direction de la voiture, et elle vit l'homme assis à l'intérieur. Il était gras, colossal.

– Laissez-moi tranquille. Gill...

Un témoin observant la scène aurait pu croire que le petit homme se penchait sur Jane pour régler le mécanisme du fauteuil roulant. En réalité, il pressait son épaule contre la sienne en murmurant d'un ton menaçant :

– Vous voulez que tous ces timbrés se fassent tuer ? Ça vous avancera à rien de hurler, mais ça m'obligerait à...

Un bruit de moteur l'interrompit. Ils se retournèrent en même temps et virent approcher une grosse Buick bleue.

– Si vous criez, un tas d'innocents écoperont. Pigé ?

– Laissez-moi, je vous en prie. Je ne sais pas ce que vous me voulez...

– Rien. Je vous emmène faire un petit tour, c'est tout.

– Je ne dirai rien, je ne parlerai à personne de...

– Ça, c'est sûr. Maintenant, faites gaffe, sinon...

La Buick s'arrêta dans l'allée, devant l'entrée, et deux personnes d'un certain âge en descendirent. Elles entrèrent dans la clinique, accordant au passage un regard indifférent au petit groupe rassemblé autour du fauteuil roulant. Des visiteurs dominicaux pour l'un des pensionnaires.

La main de l'homme étreignit l'épaule de Jane.

– Voilà une bonne fille. Soyez bien sage et personne n'aura de bobo.

Il fit brusquement volte-face en sentant quelque chose lui chatouiller le dos. C'était Bonnie qui agitait sa canne. Il s'empara du bâton et le lança de toutes ses forces en direction des bois. Impavide, la naine le considéra de ses petits yeux bridés. Sans perdre de temps, il poussa Jane jusqu'à la voiture et la prit sous les bras, lui frôlant les seins dans sa hâte. Le gros homme s'apprêtait à lui venir en aide quand une autre voiture s'engagea dans l'allée.

C'était une petite Volkswagen d'où jaillit une grande

rouquine au visage quelconque. Sans hésitation, elle se dirigea droit vers eux.

– Jane ! Jane Wallcutt !

La rage brûlante du petit homme faillit carboniser Jane.

– Pas d'entourloupette, marmonna-t-il.

– Mais tu es splendide ! dit la rouquine. Comment vas-tu ? Tu ne peux pas savoir comme je suis contente de te revoir. Ça fait des siècles que je voulais venir mais on me disait toujours que tu n'étais pas suffisamment remise.

Prenant les mains de Jane, elle enchaîna sans même reprendre son souffle :

– Me reconnais-tu ? Non, bien sûr... Austin m'a tenue au courant de tes progrès. Il dit que tu vas beaucoup mieux mais que tu n'as pas encore retrouvé la mémoire. Je suis Gladys Valentine. Nous avons travaillé ensemble au centre d'œuvres sociales. Mais *moi*, je me faisais payer. J'ai été si heureuse d'apprendre que tu pouvais recevoir des visites ! Je suis venue...

Le petit homme lui adressa un sourire au charme juvénile et s'inclina légèrement.

– Nous emmenons Jane faire une petite promenade en voiture, mademoiselle, dit-il poliment.

– Oh, non ! Vous ne pouvez pas me faire ça. J'ai roulé deux heures et demie pour venir...

Jane s'éclaircit la gorge.

– Maintenant que Gladys est là, je... je crois que je vais renoncer à la petite promenade.

Beth, qui venait de rejoindre le groupe, gazouilla :

– Regardez joli bracelet. Mon frère l'a envoyé à moi. Très gentil. Il m'envoie des cadeaux tout le temps. Des carnets, des lettres...

Sans cesser de sourire, l'homme reprit :

– Nous la ramènerons bien vite. Vous n'avez qu'à vous balader, bavarder avec le toubib. Nous sommes de vieux amis de la famille.

– Je ne sais pas quand je serai en mesure de revenir, dit vivement Gladys Valentine. Jane pourra certainement faire un tour en voiture une autre fois.

Elle ouvrit son sac à main, faisant claquer le fermoir. Les deux hommes se raidirent, mais elle en sortit simplement un petit paquet enveloppé dans du papier cadeau.

– Austin m'a chargée de te donner ça, puisqu'il ne pourra pas venir la semaine prochaine. C'est une sorte de gage de réconciliation. J'ai tant de choses à te raconter, Jane ! Tu ne reconnaîtras pas le centre quand tu le reverras. Ils ont ajouté une aile et repeint la façade. J'ignore d'où vient l'argent, mais il y a eu un généreux donateur.

Tout en bavardant, elle poussait le fauteuil de Jane vers l'endroit où se trouvaient les meubles de jardin, près de la maison.

– Et tu ne devineras jamais ! La mère de Marcia est revenue de je ne sais où pour nous annoncer qu'elle était remariée, qu'elle vivait dans le Colorado et qu'elle reprenait Marcia avec elle. La petite va me manquer horriblement, bien sûr, mais d'un autre côté...

– Très bien, Jane, dit le petit homme avec cordialité. Pas de promenade en voiture aujourd'hui.

Contournant le fauteuil, il se posta délibérément devant elle.

– Je dirai à mes amis de s'occuper de vous pendant mon absence. Ils me tiendront au courant de votre état de santé et de vos activités.

Avec un sourire, il s'inclina à nouveau devant Gladys et monta en voiture. L'autre homme s'installa au volant et, comme dans un numéro de duettistes bien réglé, leurs portières claquèrent en même temps. La Cadillac démarra en trombe.

Jane renversa la tête en arrière et ferma les paupières. Elle était aussi épuisée que si elle s'était livrée pendant des heures à de violents exercices physiques. Elle ne serait jamais revenue de cette «promenade», elle en était sûre. Si Gladys Valentine n'était pas intervenue... Elle ouvrit les yeux. La grande rouquine l'observait.

– Qui était-ce ? Es-tu fatiguée ?

Levant la tête, Jane regarda passer un avion dont les ailes étincelaient au soleil. Pendant quelques instants, le vrombissement couvrit tous les autres bruits ; puis le gazouillis des oiseaux et le chant des insectes reprirent, avec une intensité accrue dans le silence retrouvé. *Je dirai à mes amis de s'occuper de vous pendant mon absence.*

Ils me tiendront au courant de votre état de santé et de vos activités.

Elle prit une profonde inspiration avant de répondre :

– C'est un ami de ma famille.

Détournant la tête pour éviter le regard de la rouquine, elle contempla les champs paisibles qui convergeaient vers l'horizon, où ils se fondaient dans une brume nacrée.

La visiteuse reprit son monologue sur le centre d'œuvres sociales, parlant des enfants et des bénévoles que Jane était censée avoir connus naguère. Jane faisait des commentaires de temps à autre pour montrer qu'elle écoutait. Elle se rendait compte que, en laissant passer l'occasion de raconter tout de suite à Gladys le danger auquel elle avait échappé, elle avait compromis ses chances d'être crue par la suite. Mais quelle importance ? De toute manière, Austin et les Dickinson ne l'avaient pas crue. Elle se demanda si les «amis» en question étaient cachés à proximité, en cet instant, pour épier leur conversation. Cela semblait inconcevable, mais elle avait lu quelque part que certains micros pouvaient amplifier le son dans des proportions considérables.

– Quels sont-ils ? interrogeait la rouquine.

– Oh ! excusez-moi... Je ne... il m'avait semblé voir quelque chose sur la route.

Elle n'avait rien vu du tout ; c'était un simple prétexte pour justifier son absence passagère.

– Je te demandais si tu avais des projets d'avenir.

– Ah ! Eh bien... non, pas vraiment...

C'était peut-être ça, la solution : partir quelque part où personne ne pourrait la retrouver. Personne. Pas même Austin. Mais comment faire ? Elle aurait besoin d'argent et de soins ; il faudrait bien que son tuteur sache où lui envoyer les chèques... Et d'ailleurs, ne serait-elle pas plus vulnérable hors de la clinique qu'à l'intérieur ?

– Veux-tu que je t'apporte quelque chose lors de ma prochaine visite ? Des livres ou...

– Merci, mais j'ai tous les livres qu'il me faut. (Soudain, elle remarqua le paquet posé sur ses genoux.) Oh ! j'oubliais... Savez-vous que c'est le premier cadeau que je re... enfin, que je me rappelle avoir reçu ?

Les doigts un peu tremblants, elle prit la boîte soigneusement emballée dans du papier doré et blanc. Se pouvait-il qu'il lui offrît à nouveau la bague de fiançailles ?

Elle plia avec soin le papier et le ruban, ouvrit l'écrin et en sortit l'objet enveloppé dans du papier de soie.

C'était une médaille de saint Christophe.

Elle la regarda un long moment, déconcertée par l'émotion qu'elle ressentait. Levant les yeux pour empêcher ses larmes de couler, elle attendit que sa voix se fût affermie pour dire :

– Remerciez-le de ma part. Non... je vais plutôt chercher son adresse et lui écrire. A-t-il dit... euh... pourquoi je pourrais avoir besoin de cette médaille, selon lui ?

– Besoin ? Il n'a pas dit que tu en avais besoin. C'est un cadeau, sans plus.

Jane proposa à sa visiteuse de rester dîner – c'était autorisé le dimanche – mais Gladys refusa, préférant rentrer avant la tombée de la nuit. Après le départ de la rouquine, Jane demeura immobile, absorbée dans ses réflexions. Que se passerait-il si elle parlait au médecin de l'homme à la Cadillac ? Certes, plusieurs témoins l'avaient vu et pourraient confirmer son existence; néanmoins, elle imaginait d'ores et déjà la tournure que prendrait la conversation :

– *Qu'a-t-il fait ?*

– *Il m'a proposé d'aller faire un tour en voiture avec lui.*

– *Et alors ?*

– *Vous ne trouvez pas cela bizarre ? Je ne le connais même pas.*

– *Qu'est-ce qui vous prouve que vous ne le connaissez pas ?*

– *En tout cas, il m'a menacée.*

– *Que vous a-t-il dit exactement ?*

– *Il a dit... attendez... il a dit que je cherchais les ennuis... que je parlais trop et que je risquais d'avoir des ennuis à force de trop parler.*

– *Parler de quoi ?*

– *De lui, pour commencer. Il a dit que si je ne le suivais pas, il ferait du mal aux «timbrés».*

– *Il a dit ça ?*

– Oui. Et que si je l'accompagnais, personne n'aurait de mal.

– Quelqu'un d'autre a-t-il entendu ces paroles ?

– Bonnie, oui... Mais elle ne pourra pas vous le confirmer, bien sûr... L'homme n'a rien dit de précis en présence de Gladys Valentine.

– Après son départ, avez-vous parlé de lui à cette Gladys Valentine ?

– Non. J'avais peur.

– Vous n'avez plus peur, à présent ?

– Si, mais...

A quoi bon ? Elle regagna sa chambre et resta assise sans rien faire dans la pénombre croissante. Elle hésita vaguement à allumer sa lampe et à faire semblant de lire pour que, si jamais quelqu'un la voyait, son attitude ne fût pas considérée comme une preuve supplémentaire d'instabilité. Mais un fond d'entêtement la poussa à ne pas bouger. «Nous sommes dans un pays libre, se dit-elle en grimaçant. Si j'ai envie de réfléchir dans le noir, j'ai bien le droit de réfléchir dans le noir, zut !»

Dans son esprit défilèrent paresseusement des fragments de souvenirs, des épaves d'un ténébreux passé.

– Tu sais très bien que c'est un bobard.

– Non, papa, je t'assure que c'est vrai.

Elle était assise sur une haute barrière... elle sentait presque dans sa bouche la saveur douce-amère du fruit... des raisins noirs. Son père demandait :

– Tu es bien sûre que les Riggs t'ont donné la permission de manger leurs raisins ?

– Tout à fait sûre, papa. Honnêtement.

Honnêtement. Et il l'avait crue. Contrairement au docteur, il s'était fié à sa parole – à tort. Maintenant, personne ne lui faisait confiance. Elle était comme l'enfant qui avait trop crié au loup.

En fait, rien n'était réel. L'incendie, l'accident, la clinique, le médecin, Austin, l'homme à la Cadillac, la balle, le tuteur, la voix, Zee : tout cela n'était qu'illusion. Jane Wallcutt était une timbrée enfermée au cabanon et rien n'était vrai.

Le docteur, qui passait devant sa porte, l'arracha à sa rêverie morbide.

– Docteur Stires ! appela-t-elle.

Il fit demi-tour et ouvrit la porte-fenêtre.

– Vous êtes venu deux fois aujourd'hui, lui dit-elle.

Il y avait une note interrogative dans sa voix.

– L'un des visiteurs a demandé à me voir.

– Je viens de me rappeler quelque chose au sujet de mon père. Auriez-vous une photo de lui, par hasard ? J'en ai une image très claire dans mon esprit et je voudrais vérifier...

Voyant son expression, elle s'interrompit net.

– Allons bon, qu'est-ce que j'ai encore fait ? demanda-t-elle avec appréhension.

– Rien, dit-il d'un ton réservé. Mais je doute fort que vous vous souveniez de votre père. J'ai appris la chose tout récemment... Il est mort quand vous aviez trois mois.

15

La nouvelle infirmière arriva le lundi en début de matinée. C'était une grande femme d'une quarantaine d'années, de carrure athlétique. Elle avait des cheveux crépus, de couleur indéterminée, un visage un peu chevalin mais aristocratique et une voix distinguée.

Pour quelque mystérieuse raison, Jane ne put s'empêcher de bafouiller en sa présence, comme le soir où Austin l'avait emmenée au restaurant. Mais autant sa nervosité de l'autre soir avait été l'expression d'une agréable exaltation, autant celle d'aujourd'hui était uniquement due au malaise qu'elle éprouvait.

– Comment avez-vous entendu parler de cet emploi ? demanda-t-elle à brûle-pourpoint, noyant cette question parmi d'autres dans l'espoir de ne pas trahir l'importance qu'elle y attachait.

L'infirmière était occupée à trier avec efficacité les vêtements de Jane, faisant des piles séparées pour la blanchisserie, le teinturier et les affaires à donner. Elle se tourna lentement, regardant Jane de ses grands yeux étrangement opaques.

– Par une agence, répondit-elle. Pourquoi ?

– Oh, comme ça... Simple curiosité. Histoire de causer. Il n'y a pas grand-chose d'autre à faire par ici. Je pensais... enfin, j'avais cru comprendre que vous étiez recommandée par quelqu'un.

Elle s'aperçut avec dépit qu'elle donnait l'impression de se justifier.

L'infirmière se remit à son tri. Jane insista :

– Attendez que je réfléchisse... N'est-ce pas le docteur qui m'a dit que vous étiez recommandée par quelqu'un ?

– Je pense que vous serez satisfaite de mes services, mademoiselle Wallcutt. J'ai d'excellentes références.

Jane hésita à sauter le pas, se demandant si le résultat final justifierait l'hostilité que sa suggestion ne manquerait pas de provoquer. Finalement, elle plongea.

– Pourrais-je les voir ? dit-elle avec vivacité. Naturellement, je suis tout à fait... euh... enfin, je suis sûre que cela marchera très bien... mais il faut me comprendre... euh, j'ai déjà été échaudée une fois. J'avais... euh, engagé une infirmière...

– Je croyais que vous souffriez d'amnésie, mademoiselle Wallcutt.

Comment était-elle tombée dans ce piège ?

– J'ai parfois des souvenirs très bizarres.

– Ah ?

L'infirmière attendit la suite mais, cette fois, Jane demeura silencieuse.

– Bien entendu, je n'ai pas mes références sur moi, dit-elle au bout d'un moment. Je vous les apporterai dès que j'aurai mon jour de sortie.

– Oh ! oui, bien sûr.

Ainsi qu'elle l'avait craint, elle s'était mise l'infirmière à dos sans rien obtenir en compensation. Elle eut la conviction instinctive que, le lendemain de son jour de sortie, Janet Smith reviendrait à la clinique en ayant «oublié» lesdites références.

– J'y suis ! s'exclama-t-elle. D'après le Dr Stires, c'est mon tuteur qui vous a recommandée. Le connaissez-vous ? Il s'appelle Howard Chalmers.

Les yeux plus opaques que jamais, la femme répondit :

– Non, je ne le connais pas. Peut-être le Dr Stires a-t-il voulu dire que M. Chalmers avait pris contact avec l'agence de placement. J'ai simplement reçu la consigne de me présenter ici. Peut-être m'a-t-on choisie parce que j'ai une voiture et que ça ne me dérange pas de travailler à la campagne. La plupart des infirmières n'accepteraient pas un emploi si éloigné de la ville.

– Oui, c'est sans doute la raison. En tout cas, j'ai bien de la chance de vous avoir trouvée si vite.

Effectivement, elle avait de la chance. L'infirmière se révéla beaucoup plus efficace que Zee pour l'habiller, faire la lessive et ranger la chambre. De surcroît, elle trouvait toujours le moyen de se rendre utile – par exemple, en triant les affaires de Jane. C'était une véritable perle, sauf que Jane ne pouvait pas la supporter. Pour commencer, Mlle Smith ne la laissait jamais seule. Contrairement à Zee, cela ne l'intéressait pas de bavarder avec la cuisinière, d'aller au village avec Kirk ou de regarder la télévision. Elle restait assise près de Jane à longueur de journée, prête à satisfaire ses moindres désirs. Si d'aventure elle était à court de travail, elle tricotait, lisait – essentiellement des «manuels pratiques» – ou écoutait son transistor. Elle ne quittait jamais Jane plus de quelques minutes, même pour prendre son bain. Jane se sentait étouffée.

Le troisième jour, elle suggéra à l'infirmière :

– Vous ne voulez pas faire la sieste ?

– Je ne suis pas fatiguée. Je ne fais jamais la sieste.

– Oui, mais... j'ai l'habitude de rester seule plusieurs heures d'affilée, vous savez. Ne vous croyez pas obligée de vous occuper de moi à tout instant.

– Serait-ce que je vous dérange ?

– Non, bien sûr que non. Ce que j'en dis, c'est pour *vous*. Je ne voudrais pas que vous vous sentiez clouée ici en perma...

– Je suis payée pour cela.

Jane fit semblant de lire mais ne put se concentrer. La personnalité de Mlle Smith lui semblait si écrasante qu'elle ne pouvait penser à rien d'autre.

Pour la première fois, elle se mit à rechercher la compagnie des autres malades. Elle ne manquait pas une occasion d'engager la conversation avec Marlene ou Kirk ; même la présence de Bonnie lui procurait un étrange réconfort. Elle en arriva à compter avec une intense fébrilité les minutes qui la séparaient du jour de sortie de Mlle Smith.

Un après-midi, lors de la visite du docteur, elle éprouva quelque difficulté à converser. Tandis que Mlle Smith racontait au médecin une foule d'anecdotes intéressantes et amusantes, Jane resta presque totalement muette. Quand il se leva pour prendre congé, elle le raccompagna dans son fauteuil roulant, désireuse de s'entretenir seule à seul avec lui. Mais Mlle Smith se leva aussitôt et les suivit. Durant toute sa visite, le docteur ne sentit rien d'anormal.

Jane tenta de se raisonner, de surmonter son aversion. Au lieu de s'évertuer à éviter cette femme, elle devait se détendre, continuer à vivre comme avant. Elle avait la nostalgie de la période «rose» qui avait précédé l'arrivée de Mlle Smith : pour elle, ce temps-là représentait une sorte de paradis perdu. Après une journée passée en compagnie de Mlle Smith, elle en venait à considérer Gillian, Adeline et la cuisinière comme de vieilles amies. Elle se mit à aller dans la cuisine, après le dîner, pour tenter de se joindre à leurs parties de rami. Un soir, Gillian lui dit :

– Vous avez un comportement bizarre. Ça ne va pas ?

Telle une enfant craignant d'être punie, elle se surprit à regarder le visage impassible de l'infirmière.

– Bien sûr que si, ça va. Je me sens même mieux. Pourriez-vous m'apprendre à jouer ?

– A trois, c'est moins amusant. Mais attendez... jouez-vous au bridge, mademoiselle Smith ? Nous pourrions apprendre à Jane...

– Non, répondit l'infirmière. Je n'ai jamais eu le temps de m'intéresser aux cartes. Voulez-vous que nous regagnions l'annexe, mademoiselle Wallcutt ?

Jane la suivit docilement, mais elle bouillait intérieurement. Elle en avait assez de ce régime surveillé, assez de cette routine immuable, mais elle n'osait pas protester. Peu à peu, elle en arrivait à avoir peur de tout : de s'affirmer, de faire ce qui lui plaisait, même de parler au médecin. Elle régressait. De nouveau, elle commençait à trouver plus simple de s'abandonner. Comme aux premiers jours de sa convalescence, où il était si agréable de flotter, de se laisser emporter par les courants atmosphériques, loin des visions et des bruits de la réalité.

«Après tout, se répétait-elle, qui est la patronne ? Je n'ai qu'à renvoyer Mlle Smith.»

L'idée demeura quelque temps à l'état latent, puis commença à germer. Que se passerait-il ? Qui s'y opposerait ? Primo, le docteur ; secundo, Howard Chalmers ; et même Gillian, car le départ de Mlle Smith signifierait pour elle un surcroît de travail. «Pourquoi, Jane ? lui demanderaient-ils. Qu'a-t-elle fait de mal ?»

Par moments, elle était prise du désir absurde d'envoyer un message à quelqu'un – n'importe qui –, de lancer un appel au secours, comme une prisonnière ayant besoin de l'aide du monde extérieur pour s'évader. Mais sa prison n'avait ni murs ni barreaux.

Le vendredi soir, elle décida de faire preuve d'indépendance. Après le dîner, au moment où Mlle Smith s'apprêtait à la ramener à l'annexe, elle lui dit d'un ton ferme :

– Je reste ici pour regarder la télévision.

– Bon... entendu. Mais une seule émission, alors ; vous ne devez pas veiller trop tard.

– Et pourquoi donc ? répliqua Jane, s'efforçant de réprimer son agacement. Je me sens très bien.

– D'abord, mademoiselle Wallcutt, vous avez mauvaise mine. Ensuite... Gillian elle-même a fait observer l'autre soir que vous n'étiez pas tout à fait vous-même.

Pas tout à fait elle-même ? Brusquement, elle se souvint : «Vous avez un comportement bizarre», avait dit Gillian. Comment Jane aurait-elle pu lui expliquer que l'étouffante prévenance de Mlle Smith en était la cause ? Le docteur, lui, risquait de faire remarquer qu'elle avait un «comportement bizarre» depuis déjà quelque temps : elle s'imaginait qu'on lui tirait dessus, elle entendait des voix, elle insinuait qu'un inconnu en Cadillac la menaçait...

– Je compte la regarder un moment, dit-elle à Mlle Smith d'un ton égal. Vous n'êtes pas obligée de veiller si vous n'en avez pas envie.

– Qui vous aidera à vous déshabiller et à faire votre toilette ?

– Je demanderai à Gillian.

– Ce ne serait pas très correct, vous ne trouvez pas ? Elle a suffisamment de travail. (L'infirmière conclut aimablement :) Je vais rester avec vous.

– A propos, mademoiselle Smith, avez-vous choisi votre jour de repos ? Le dimanche, ce serait parfait.

– Je ne prends pas de jour de repos. Je me suis arrangée pour me faire payer le septième...

Jane leva vers la femme un visage décomposé. Elle sentit qu'elle allait faire quelque chose d'embarrassant. Elle se faisait l'effet d'un rat dans un labyrinthe, cherchant frénétiquement la sortie et tombant à chaque fois sur un cul-de-sac.

– Je préférerais que vous preniez un jour de congé, dit-elle.

– Vous vous sentez bien, mademoiselle Wallcutt ? Vous n'avez pas l'air dans votre état normal.

– Je vais bien. Tout à fait bien. Je considère simplement que chacun a droit à un jour de congé par semaine.

– Je n'en ai pas besoin, je vous assure. J'aime autant travailler.

– Voyez-vous, mademoiselle Smith, c'est moi qui vous emploie et je n'ai pas envie de payer ce septième jour de travail.

Elle sentit le feu lui monter aux joues.

– Si c'est un problème d'argent, mademoiselle Wallcutt, dit obligeamment Mlle Smith, je m'en passerai. Le fait est que je ne saurais pas où aller si je prenais un jour de sortie. J'arrive de Pennsylvanie et je n'ai pas d'appartement.

Prise de vertige, Jane manœuvra fébrilement son fauteuil. C'était déraisonnable, mais elle éprouvait l'irrésistible besoin de s'éloigner de cette pompe aspirante. Elle se ferait gober toute crue si elle ne tentait rien pour s'en sortir. Pourquoi n'appellerait-elle pas quelqu'un d'extérieur à la clinique, n'importe qui ? Mais que lui dirait-elle ? «Venez me chercher, débarrassez-moi de cette infirmière, aidez-moi...» Peu importait. Il lui fallait à tout prix donner un coup de fil, ne fût-ce que pour se prouver qu'elle pouvait le faire si elle le désirait.

Elle trouva un téléphone dans le hall mais l'appareil était trop haut, hors de sa portée. Il y en avait un autre dans le bureau – pièce où, en principe, les malades n'avaient pas le droit d'entrer...

– Puis-je vous aider, mademoiselle Wallcutt ?

Elle fit vivement pivoter son fauteuil.

– Oh ! mademoiselle Smith... Vous m'avez fait peur.

– Je suis désolée. Avez-vous besoin de quelque chose ?

– Je voudrais donner un coup de téléphone, répondit Jane d'une voix presque inaudible.

– Je vais le faire à votre place. Qui désirez-vous appeler ?

– C'est que... euh... c'est personnel. Pourriez-vous me donner l'appareil ?

Seigneur ! Elle était ridicule. N'importe quel occupant de la maison pourrait surprendre une conversation téléphonique dans le hall.

– Vous n'arriverez pas à atteindre le combiné, fit observer Mlle Smith.

Jane la regarda d'un air ahuri. Les yeux étranges de l'infirmière n'exprimaient qu'une sollicitude polie. Et, bien entendu, elle avait raison.

– Il va falloir que j'utilise l'appareil du bureau, dit Jane.

Décrivant un large cercle pour contourner l'infirmière, qui ne bougeait pas, elle se rendit à la cuisine. Gillian, Adeline et la cuisinière s'y trouvaient toutes les trois.

– Puis-je me servir du téléphone du bureau, Gillian ?

– Ça alors, c'est bien la première fois que vous demandez à téléphoner ! Qui voulez-vous appeler ?

Elle ne put en vouloir à Gillian, sachant bien que ses maladresses étaient dues à l'ignorance, non à la méchanceté.

– Puis-je m'en servir ? répéta-t-elle. Y a-t-il un annuaire quelque part ?

– Bien sûr. Je vais vous aider. Pour être franche, je ne vous ai jamais vue aussi énervée. C'est peut-être l'effet des premières chaleurs.

Gillian la conduisit dans le bureau, fit de la place sur la table encombrée et lui donna l'annuaire local. Poussée par quelque instinct, Jane se retourna. Mlle Smith se tenait sur le seuil.

– Non, Gillian, il me faut l'annuaire de New York. Je voudrais appeler... euh... mon fiancé.

Elle sentit que c'était le choix le plus sûr. Gillian, comme d'habitude, se mit aussitôt à minauder.

– Je le savais bien, que c'étaient les premières chaleurs ! Tenez, voilà l'annuaire. Prenez tout votre temps, je mettrai la communication sur votre note. Venez, mademoiselle Smith. On doit faire preuve de discrétion quand une jeune fille veut parler à son fiancé.

Les deux femmes sortirent. Jane hésita un instant, se demandant si le téléphone du hall était sur la même ligne que celui-ci. Mlle Smith allait-elle écouter sur l'autre appareil, au risque de se faire prendre ? Ecartant cette pensée, elle se concentra sur le problème de savoir qui appeler. Austin ? Howard Chalmers ? Gladys ? Gladys l'avait sauvée – fût-ce à son insu – de l'homme à la Cadillac ; Jane pouvait lui faire confiance. Evidemment, elle ne la connaissait pas bien – pas autant qu'elle était censée connaître Liz Dickinson, par exemple – mais elle pouvait quand même l'inviter à revenir la voir. Cela lui permettrait au moins de parler avec une personne n'ayant aucun lien avec la clinique.

Elle ferma la porte et consulta l'annuaire. Il y avait une colonne et demie de Valentine, dont une seule se prénommait Gladys. Une certaine Mme Gladys Valentine. Malheureusement, sa Gladys à elle n'était pas mariée ; en tout cas, elle ne portait pas d'alliance lors de sa visite. Et si elle habitait chez ses parents, comment savoir de quels Valentine il s'agissait ? A la réflexion, elle n'était même pas sûre que Gladys habitât New York même. Elle se sentit à nouveau désemparée, impuissante. Il lui restait la ressource d'appeler le médecin pour lui demander la liste des numéros de téléphone des gens qu'elle connaissait. Mais, tout en envisageant cette possibilité, elle continuait machinalement à tourner les pages. Bentley... Bernstein... Berol... Berque... Berquist. Heureusement, ce n'était pas un nom répandu.

Et ensuite, que faire ? Lui demander le numéro de Gladys ? Le remercier pour son cadeau ? Elle lui avait déjà envoyé un petit mot ; du moins en avait-elle écrit un qu'elle avait confié à Mlle Smith. Elle pourrait lui souhaiter un agréable week-end à Washington. Les doigts un peu tremblants, elle appela l'opératrice, qui lui donna les numéros de code nécessaires.

– Service des abonnés absents, annonça une voix féminine.

Elle expira lentement l'air emmagasiné dans ses poumons, s'éclaircit la gorge et demanda :

– Je voudrais parler à M. Berquist. Quand doit-il rentrer ?

– Il n'est pas en ville en ce moment. Désirez-vous laisser un message ?

– Non, merci, dit-elle stupidement.

Elle resta plusieurs minutes sans bouger après avoir raccroché. Elle se sentait à bout de forces, comme si elle s'était livrée à de violents exercices. Soudain, sans avertissement, la porte s'ouvrit.

– Mademoiselle Wallcutt ? Tout va bien ?

– Mais oui. Je n'ai pas encore terminé, mademoiselle Smith.

– Vous devriez aller vous coucher. Si vous n'arrivez pas à dormir, je suis sûre que le docteur pourra vous donner un sédatif...

– Je ne veux pas de sédatif. Je ne suis pas fatiguée et je dors parfaitement bien.

Le ton cassant de Jane fit hausser un sourcil à Mlle Smith. C'était le mot «sédatif» qui avait hérissé Jane : si jamais l'infirmière lui mettait dans sa nourriture un narcotique ou un poison qui... ? Non, Mlle Smith n'irait pas jusqu'à la tuer. Mais elle pourrait très bien lui administrer une drogue provoquant des hallucinations ou des bizarreries de comportement.

– J'ai un autre coup de fil à donner, mademoiselle Smith. Voulez-vous refermer la porte, je vous prie ?

L'infirmière l'observa un moment de ses yeux pénétrants. Enfin, elle répondit avec douceur :

– Certainement, mademoiselle Wallcutt.

Elle sortit, mais en laissant la porte légèrement entrebâillée. Jane s'en approcha et la ferma d'un geste sec, tout en sachant bien que, si on voulait épier sa conversation, on pourrait toujours le faire. Elle feuilleta néanmoins l'annuaire à la recherche du numéro d'Howard Chalmers.

De nouveau, une voix féminine répondit.

– Vous êtes chez M. Chalmers.

– Pourrais-je lui parler, s'il vous plaît ?

– C'est de la part de qui ?

Cela signifiait qu'il était chez lui. Elle n'en revint pas d'avoir enfin réussi à entrer en contact avec quelqu'un de l'extérieur.

– Mademoiselle Wallcutt, répondit-elle.

– Mademoiselle Wallcutt ! Comment allez-vous ? Je ne vous avais pas reconnue, tellement votre voix a changé. Vous vous sentez mieux ?

La femme parlait d'un ton si chaleureux, si affectueux, que Jane aurait voulu pouvoir lui étreindre la main.

– Je... je vais bien, mais je ne... j'ai perdu la mémoire, voyez-vous...

– C'est vrai ! J'oubliais. Je suis Nina, mademoiselle Wallcutt. Je vous connais depuis bientôt dix-huit ans.

– Ah ! je pourrais peut-être... cela me ferait très plaisir de vous revoir, Nina.

C'était une réponse inepte, mais son interlocutrice fut apparemment touchée par l'élan de sympathie qui s'en dégageait.

– Oh ! nous arrangerons ça, mademoiselle Wallcutt. Comme je l'ai dit à M. Chalmers, vous ne serez pas une charge pour moi. Dès que vous en aurez assez de cette clinique, venez vous installer ici... Attendez, je vous passe M. Chalmers.

Il prit le relais, de sa voix pédante et cordiale. Il s'inquiéta longuement de la santé de Jane, qui endura ces préliminaires en jetant de fréquents coups d'œil vers la porte. Finalement, il déclara :

– Ne me dis pas que tu as déjà englouti les mille dollars et qu'il te faut encore un chèque ?

– Non, non, rassurez-vous. Je n'ai pas dépensé un sou.

– Voilà qui ne ressemble pas à ma Janie.

– Il n'y a guère de dépenses à faire ici.

– Que dit le médecin ? Vas-tu bientôt marcher ?

– Non... Enfin, il n'en a pas parlé, mais je...

Elle attendait une initiative de sa part, mais elle ne savait pas très bien laquelle. Peut-être ce qu'avait suggéré Nina : qu'elle s'installe chez lui. Si elle avait eu un père ou une mère, voilà ce qu'*ils* lui auraient proposé. Ils ne l'auraient pas laissée moisir indéfiniment dans un asile pour incurables. Refoulant des larmes de détresse, elle dit :

– A propos de l'infirmière...

– Parle plus fort, Jane. Je ne t'entends pas.

– Je voudrais savoir où vous avez trouvé... enfin, qui vous a recommandé l'infirmière.

Elle lança vers la porte un regard craintif.

– Pourquoi ? Elle ne te donne pas satisfaction ?

– Euh... si, si, bien sûr, répondit-elle machinalement. Du moins... Enfin, ce que je veux dire...

– Oui, mon petit. Que veux-tu dire ?

– Je ne peux pas... il m'est difficile de parler. Pourriez-vous me dire... qui vous l'a recommandée ?

– C'est *moi* qui ai parlé d'elle au Dr Stires, mon petit. Il m'a téléphoné pour m'annoncer que ton autre infirmière t'avait laissée en plan, et... Tu dis ?

– Non, rien. Continuez.

– Et il m'a demandé si je voulais chercher moi-même une remplaçante ou si je préférais m'en remettre à lui. Or, ce soir-là, j'avais justement un dîner auquel devaient participer plusieurs invités qui, à un moment ou à un autre, avaient eu besoin des services d'une infirmière. J'ai donc abordé le problème et on m'a donné le nom de cette Mlle Smith...

– Savez-vous qui vous a donné son nom ?

– Eh bien... attends... il y avait beaucoup de monde et je ne...

– Cette personne qui vous a recommandé l'infirmière... vous a-t-elle précisé le nom de l'agence ?

– Non... voyons, qui était-ce donc ? Bref, cette personne – je ne sais plus qui – a appelé elle-même l'agence pour demander qu'on te l'envoie. Pourquoi toutes ces questions, Jane ? Qu'y a-t-il ?

– Je... si vous pouviez venir...

– Certainement, mon petit. J'ai plusieurs rendez-vous ce week-end, mais s'il s'agit d'une urgence...

– Oh ! non, ça n'a rien d'urgent, mais j'aimerais beaucoup vous voir. Si ce n'était pas trop vous demander...

– Il y a manifestement un problème. Pourtant, la dernière fois que je t'ai vue, tu paraissais en forme. Veux-tu que j'annule mes rendez-vous de ce week-end ? Il n'y a rien de bien important : une partie de golf, un dîner, un brunch dominical...

Il attendait visiblement qu'elle lui dise que ce n'était pas la peine. Alors, docilement, tristement, elle lui dit ce qu'il souhaitait entendre. Soulagé, il reprit :

– Je te verrai la semaine prochaine, mon petit. Je téléphonerai avant de venir. Que veux-tu que je t'apporte ?

– Rien. J'ai juste envie de vous voir.

– Voilà qui est bien flatteur pour un vieil homme comme moi, ma chérie. Tu ne veux vraiment pas que je me libère pour venir ce week-end ?

Bien sûr que si, elle le voulait. Et il le savait certainement.

– Non, répondit-elle d'une voix éteinte. Venez quand ça vous arrangera.

Elle resta à nouveau immobile, les yeux fixés sur le bureau encombré. Elle ne se rappelait pas avoir jamais été si déprimée. Elle n'avait personne – *personne* – sur qui compter. Personne vers qui se tourner pour implorer de l'aide. Quel genre de femme avait-elle donc été, "avant", pour être aujourd'hui abandonnée à ce point ? Elle repoussa aussitôt cette pensée. La vérité, c'était que les gens avaient tendance à oublier les malades, les faibles, les handicapés... mais pas quand ils possédaient une fortune de treize millions de dollars, tout de même ?

Finalement, elle ouvrit la porte. Mlle Smith se tenait, sur le seuil, sans chercher à dissimuler le fait qu'elle attendait là depuis le début. Il ne faisait aucun doute qu'elle avait entendu toutes les questions de Jane concernant l'infirmière.

16

Le dimanche, Jane sentit que si elle ne faisait pas quelque chose, si elle n'allait pas quelque part, elle piquerait une crise de nerfs et se mettrait à hurler. Elle devait absolument s'affranchir de la présence de Mlle Smith.

– Apportez-moi mon tailleur beige, s'il vous plaît, dit-elle. Je vais à l'église.

– A l'église ? répéta Mlle Smith, stupéfaite. Par quel moyen de transport ?

– Marlene m'a invitée à l'accompagner. Elle est catholique, mais ça n'a pas d'importance. Elle a tout arrangé.

– Mais comment ferez-vous pour monter dans la voiture et en descendre, puis pour entrer dans...

– Elle a demandé à un paroissien de me porter.

– Mais, mademoiselle Wallcutt... vous n'allez pas... je veux dire, vous ne pouvez pas demander à des inconnus de vous *porter*.

– Marlene m'a assuré que cela ne posait aucun problème.

– Marlene..., répéta Mlle Smith d'une voix dégoulinante de sous-entendus.

Pour bien se faire comprendre, elle ajouta :

– Marlene est une *patiente*.

Et Jane en était une également : par conséquent, elles n'étaient capables ni l'une ni l'autre de diriger leur vie. Jane porta une main à son front et s'aperçut que, depuis une semaine, elle était sujette à des maux de tête récurrents. Elle contempla la pelouse encore brunâtre, puis le soleil délavé qui essayait de percer. Elle savait que, si elle discutait, elle se mettrait soit à crier, soit à pleurer.

– Très bien, dit-elle.

Elle jeta un coup d'œil vers l'infirmière, s'attendant à lui voir une expression triomphante, mais le visage de Mlle Smith demeura impassible.

A cet instant, on frappa à la porte.

– Entrez ! dit Jane.

Marlene apparut sur le seuil et regarda Jane d'un air consterné.

– Vous n'êtes pas habillée, mademoiselle Wallcutt ?

– Mlle Smith estime préférable que je n'y aille pas, déclara Jane d'une voix réticente.

Marlene dévisagea l'infirmière, puis reporta son regard sur Jane.

– Vous ne pouvez donc pas vous décider toute seule ?

Jane en eut le cœur remué. Marlene avait peut-être le cerveau dérangé, mais elle avait encore du caractère.

– Je vais à l'église, mademoiselle Smith, dit-elle avec fermeté.

L'infirmière leva ses yeux opaques, et Jane comprit que son cerbère lui ferait payer cet accès d'indépendance.

– Qui vous portera ? demanda Mlle Smith.

– Tout est prévu, dit Marlene d'un ton sans réplique.

– Vous êtes sûre que votre compagnon n'y verra pas d'inconvénient ?

– Je vous le garantis.

– Bien, dit Jane. J'y vais.

Elle attendit que l'infirmière vienne l'aider, mais celle-ci disparut dans sa chambre.

– Mademoiselle Smith !

– J'arrive, mademoiselle Wallcutt.

Lorsqu'elle reparut enfin, elle était habillée de pied en cap pour aller à l'église.

Atterrée, Jane balbutia :

– C'est inutile que vous veniez.

– Ce... euh... cette personne aura peut-être besoin d'aide.

Avec une lenteur exaspérante, elle aida Jane à s'habiller tandis que Marlene se trémoussait d'impatience.

Il s'avéra que Mlle Smith avait vu juste. Le transport de Jane jusqu'à la voiture, puis dans l'église, fut compliqué et semé d'embûches. A un moment, elle laissa choir son sac ; à un autre moment, ce fut l'infirmière qui trébucha, manquant la faire tomber. De surcroît, l'office fut long et ennuyeux. Sur le chemin du retour, elle se demanda pourquoi elle avait tant insisté pour y aller.

La semaine suivante se traîna, interminable. Jane se réveillait juste avant l'aube, redoutant la longue journée à venir et s'interrogeant sur la nécessité de continuer à vivre. Chaque matin, elle prenait la résolution d'exiger le renvoi de Mlle Smith ; mais, en fin d'après-midi, quand le médecin venait la voir, elle trouvait plus commode de ne rien faire plutôt que d'essayer de le convaincre. D'autant que Mlle Smith ne les laissait jamais en tête à tête et faisait elle-même les frais de la conversation. Les rares fois où Jane était seule, c'était quand Mlle Smith allait aux toilettes ; encore l'infirmière choisissait-elle toujours un moment où Jane était sur son lit et non dans son fauteuil roulant.

A la fin de la semaine, elle avait pris l'habitude de veiller de plus en plus tard afin de ne pas avoir à regagner l'annexe avec Mlle Smith. Assise au milieu des autres malades aux yeux ternes, elle lisait ou regardait une quelconque émission de télévision. Bonnie errait de l'un à l'autre pour récolter des babioles ; Marlene, le buste bien droit, ne prononçait presque pas un mot ; Dick souriait aux anges ; quant à Helen, elle continuait à contempler l'éternité.

Le vendredi soir, Kirk se mit au piano. Il jouait extrêmement bien, ce qui étonna Jane car cela lui semblait incompatible, sinon avec l'épilepsie, du moins avec le métier d'agent de change. Elle ne prit cependant aucun plaisir à écouter le morceau. Elle éprouvait un malaise croissant, comme si cette musique avait pour elle une connotation sinistre. Lorsqu'il eut terminé, elle s'enquit :

– Qu'est-ce que c'était ?

Il se tourna lentement, comme perdu dans ses pensées. Enfin, il répondit :

– Le concerto n° 1 de Tchaïkovski. Pourquoi ?

– Je ne sais pas... ça me rappelle vaguement...

Voyant Mlle Smith lever la tête, elle s'interrompit.

– Euh... vous jouez très bien, reprit-elle. Vous avez dû prendre beaucoup de leçons.

– J'ai commencé enfant.

– Vous est-il arrivé de jouer à titre professionnel ?

– Non.

Elle se tut, ne trouvant rien d'autre à dire pour alimenter la conversation. Kirk se remit à jouer. Alors, contre toute attente, Mlle Smith se leva et sortit du salon. Comme il était fort rare que l'infirmière la quittât d'une semelle, Jane la suivit des yeux, le regard soupçonneux.

– Qu'y a-t-il ?

Elle se retourna, saisie. Debout, Kirk la regardait.

– Je... euh... rien. Pourquoi me demandez-vous cela ?

– Parce que je vois bien qu'il y a quelque chose.

Elle hésita. C'était curieux de penser que, si le docteur était totalement inconscient du trouble qui la minait intérieurement, il y avait au moins deux malades, Marlene et Kirk, qui s'efforçaient de l'aider. Mais elle avait peur d'en dire trop.

– Ma foi, je crois que je commence à en avoir assez de... de toute cette routine. Je m'ennuie, voilà tout.

– Est-ce bien tout ?

Elle lança un coup d'œil en direction du hall.

– Non, pas tout à fait. C'est-à-dire... je crois que Zee me manque.

– Vous n'aimez pas Mlle Smith, n'est-ce pas ?

Elle s'humecta les lèvres.

– Pas beaucoup, admit-elle.

– Vous devriez partir d'ici, dit-il brusquement. N'avez-vous personne qui puisse vous héberger quelque temps ? (Il ajouta d'une voix douce :) Remarquez, je vous verrai partir avec regret.

Mais elle n'entendit pas la fin de la phrase. Seulement ces mots : «Vous devriez partir d'ici.» Kirk avait raison. C'était sa seule planche de salut. Avec la fortune qu'elle possédait, elle pouvait se permettre d'avoir sa propre maison, son propre personnel. Le seul problème, c'était de trouver quelqu'un pour l'aider à régler les formalités. Et puis, évidemment, elle n'aurait personne à ses côtés pour la protéger au cas où... C'était toujours le même cercle vicieux.

Mlle Smith revint avec un verre de jus de fruits qu'elle se mit à siroter, sans proposer à Jane de lui en apporter un. Kirk sortit d'un pas nonchalant et les deux femmes restèrent seules avec Beth et Helen.

Prenant le journal, Jane essaya de se concentrer sur ce qu'elle lisait. Elle assimila plus ou moins diverses informations concernant une grève, la politique municipale, la guerre... Puis, en page deux, un titre attira son attention :

UN CORPS DE FEMME DÉCOUVERT PAR DES ENFANTS

Malgré elle, les battements de son cœur s'accélérèrent à mesure qu'elle lisait l'entrefilet.

Le cadavre, nu, avait été retrouvé dans une rivière de Virginie...

En Virginie ? Dans ce cas, cette histoire n'avait rien à voir avec ce qu'elle croyait. Pourquoi auraient-«ils» parcouru une si grande distance pour se débarrasser du corps... ? Pourquoi ? Tout simplement pour que la police n'établisse aucun lien avec des gens d'ici.

Elle reprit sa lecture. La femme, une Noire, avait entre vingt-cinq et trente-cinq ans ; l'identification allait être difficile, car le processus de décomposition avait été considérablement accéléré par une vague de chaleur. Le corps, dilaté par les gaz, était remonté à la surface de la rivière, où des enfants l'avaient découvert flottant sur le ventre. Les poissons, les mulots et l'action de l'eau avaient attaqué les chairs dans des proportions importantes. La cause de la mort restait indéterminée...

Elle ferma les yeux et craignit de vomir. Le tremblement de ses mains faisait bruire le journal ; elle le posa avec précaution.

– Qu'est-ce qui vous arrive ?

– Rien.

– Vous devriez être au lit. Nous ferions mieux de regagner l'annexe.

Les épaules voûtées, elle se laissa reconduire dans sa chambre.

17

Le samedi matin, elle n'avait toujours pas reçu de nouvelles d'Howard Chalmers. De plus, elle ne savait pas si Austin avait ou non l'intention de venir la voir. Lorsqu'elle entra dans la salle à manger pour le petit déjeuner, Mlle Smith disparut dans la salle de bains. Jane en profita pour demander rapidement à Gillian s'il y avait eu des coups de téléphone pour elle.

– Des coups de téléphone ? répéta distraitement Gillian, occupée à servir les malades. Non, je ne... attendez, si ! Vous en avez reçu un. De Machin-chose, votre tuteur. C'est Adeline qui a répondu... elle ne vous l'a pas dit ?

Abasourdie, Jane demanda :

– Quand était-ce ? Je n'ai pas vu Adeline.

– Elle ne vous a peut-être pas trouvée.

Manquant trébucher sur la canne de la naine, Gillian gronda :

– Bonnie, ôte-toi de là !

– Comment ça, elle ne m'a pas trouvée ? Où voulait-elle que je sois ? Si je n'étais pas ici, j'étais forcément dans l'annexe ou assise dehors, quelque part entre les deux.

– Bah ! Si c'est important, il rappellera.

– Mais j'avais besoin de lui parler. Pourquoi Adeline ne m'a-t-elle pas prévenue ?

– Ne vous en prenez pas à *moi*, dit Gillian avec rudesse. Je n'y suis pour rien. Dick, asseyez-vous !

Voyant Mlle Smith sortir de la salle de bains, Jane lui lança :

– Adeline vous a-t-elle dit qu'il y avait eu un coup de fil pour moi ?

– Un coup de fil ? répéta l'infirmière d'une voix lente.

Elle jeta un bref coup d'œil à Gillian, comme si elle se demandait ce que celle-ci avait dit à Jane. Enfin, elle reprit :

– Ah !... oui. Vous preniez le soleil, et je sais combien vous tenez à vos séances de bronzage ; j'ai donc pris moi-même la communication...

– *Vous* avez pris la communication ?

– Oui. Je lui ai expliqué que cela m'ennuyait de vous déranger...

– Pourquoi ne m'avez-vous pas dit qu'il avait appelé, au moins ?

– Je ne l'ai pas fait ? Je le croyais. En tout cas, ce n'était pas important. Il a demandé comment vous alliez et si vous désiriez encore qu'il vienne. Je lui ai dit que ce n'était pas nécessaire...

– Vous lui avez dit *quoi* ?

S'efforçant de maîtriser la note d'hystérie qui montait dans sa voix, elle reprit plus calmement :

– Ne pensez-vous pas que c'était à *moi* d'en décider ?

– Il répugnait manifestement à se déplacer. Je sais que vous avez beaucoup d'amour-propre, mademoiselle Wallcutt, et que, malgré votre handicap, vous ne voudriez pas être un fardeau...

– Un fardeau ! explosa Jane. Apparemment, je suis un fardeau pour tout le monde. Mais en fait, mademoiselle Smith, peut-être voulez-vous insinuer que je suis un fardeau pour *vous*, auquel cas...

– Jane ! s'exclama Gillian, alarmée. Vous ne savez plus ce que vous dites. Restez calme. Ne vous énervez pas. Que ferons-nous si Mlle Smith décide de partir ?

Jane se tourna vers elle, les yeux flamboyants de rage. Mais devant l'expression de Gillian, sa colère retomba. Elle ne pouvait reprocher à Gillian d'appréhender un surcroît de travail quand elle la voyait ainsi, les mains pleines, s'efforçant de servir tous les malades en même temps. Jane ne pouvait pas non plus reprocher à Howard

Chalmers de «répugner» à sacrifier un après-midi de golf pour rendre visite à une misérable loque humaine. Et, par-dessus tout, elle ne pouvait pas reprocher à Austin de vouloir mettre fin à une relation qui, de toute manière, était déjà à l'agonie.

Incapable de manger, elle sortit dans le hall sans écouter les protestations de Gillian. Aussitôt, elle entendit derrière elle les pas familiers. S'arrêtant, elle fit pivoter son fauteuil.

– Mademoiselle Smith, dit-elle avec calme, je ne suis pas une petite fille. Ni une débile mentale. On peut sans risque me laisser seule – pendant une brève période, tout au moins.

L'ironie sous-jacente échappa à l'infirmière. D'une voix sucrée, comme si elle s'adressait à une petite fille ou à une débile mentale, elle susurra :

– Mais oui, bien sûr. Je voulais seulement voir si tout allait bien. Vous aviez l'air si désemparée que je...

Jane s'éloigna sans attendre la fin de la phrase. Mlle Smith, telle une éponge, lui absorbait toute son énergie, or elle devait absolument conserver ses forces. Elle se dirigea tout droit vers le bureau, où elle trouva Adeline en train de passer l'aspirateur.

– Que faites-vous ici, Jane ? demanda la jeune fille, surprise.

– Je voudrais donner un coup de téléphone.

– Et votre petit déjeuner ?

– Adeline... si jamais je reçois encore un coup de fil, voudrez-vous me rendre un service ?

– Bien sûr. Quoi donc ?

– N'en parlez pas à Mlle Smith. Venez me chercher, où que je sois.

– Pourquoi ? Vous n'avez pas eu M. Chalmers ?

– Non... mais je sais que ce n'est pas votre faute. Pourrais-je téléphoner, maintenant ?

– Oui, attendez que j'aie fini. Le docteur est d'accord, au moins ?

– Pourquoi ne serait-il pas d'accord ?

– Je n'en sais rien, moi... Voilà, j'ai presque terminé.

Après le départ d'Adeline, Jane chercha dans l'annuaire le numéro d'Austin. Elle le composa et entendit :

– Service des abonnés absents.

Elle eut envie de hurler. D'une voix soigneusement contrôlée, elle demanda :

– Pourrais-je avoir le numéro de bureau de M. Berquist, je vous prie ?

– Nous n'avons pas ce renseignement.

– Savez-vous où je peux le joindre ?

– Non, je regrette.

– Pouvez-vous me dire s'il est en ville ?

– Il ne nous l'a pas précisé.

– Je voudrais laisser un message. C'est urgent. Demandez-lui de rappeler Mlle Wallcutt.

Elle raccrocha. En sortant de la pièce, elle aperçut un mouvement furtif à l'angle du hall, et elle eut la conviction que Mlle Smith avait écouté. Elle descendit la rampe dans son fauteuil roulant et s'installa à un endroit ensoleillé. Puis elle resta là, immobile, le regard dans le vague. C'était absurde, elle s'en rendait bien compte, mais elle avait décidé de rester à proximité du téléphone afin de pouvoir entendre la sonnerie, quitte à ne pas regagner l'annexe de toute la journée. Pourtant, elle n'avait aucune idée précise de ce qu'elle dirait à Austin. «J'ai peur. Je vous en prie, venez me voir.» Ou encore : «Je n'aime pas mon infirmière. Chassez-la.» Quelle serait sa réaction ?

– Que lui reproches-tu ? dirait-il.

– Je ne sais pas.

Elle observa Beth. Celle-ci se tenait debout au milieu de l'allée, comme si elle attendait un visiteur qui jamais ne viendrait. Kirk, occupé à chauler la terre d'un des champs, interrompit son travail pour prendre dans ses bras Hopeless, qui l'avait rejoint. Une voiture s'arrêta devant le pavillon, de l'autre côté de la route. La maison avait-elle été louée ? Une appréhension irraisonnée s'empara de Jane. «Cesse de t'imaginer que le moindre événement te concerne directement, se dit-elle. C'est morbide.»

En fin d'après-midi, elle fut prise de vertiges. Elle commençait à avoir faim mais, dans la mesure où elle avait volontairement refusé de déjeuner, elle estimait que ce ne serait pas correct d'aller maintenant demander à la cuisinière ou à Gillian de lui préparer un en-cas. Mlle Smith ne se montra pas une seule fois. Jane se demanda avec angoisse si l'infirmière n'était pas postée près du téléphone, prête à bondir. Elle avait entendu l'appareil sonner plusieurs fois, mais personne n'était venu la chercher.

– Vous allez devenir un véritable Peau-Rouge si vous n'y prenez pas garde, lui dit le médecin.

Elle examina son corps bronzé.

– Je trouve que ça prend une jolie couleur, dit-elle avec apathie.

– Pourquoi n'avez-vous pas déjeuné ?

– Qui a cafté ?

– C'est le rôle de votre infirmière de cafter.

– Je n'avais pas faim... Non : en réalité, j'étais furieuse.

Il regarda autour de lui, prit un siège et s'assit.

– Bon. Racontez-moi tout.

– Je... j'attendais avec impatience un coup de fil de M. Chalmers. Et puis... quand il a téléphoné, l'infirmière a pris la communication sans même m'en parler.

– Oui, elle me l'a dit. A l'en croire, vous avez réagi... euh... assez vivement. Vous n'avez qu'à le rappeler.

Désemparée, elle se tripota les doigts.

– Ainsi, elle vous a dit que j'avais réagi vivement ? C'est habile de sa part de vous en avoir parlé la première.

– Habile ! Qu'allez-vous encore chercher ?

– Elle... Oh ! c'est si difficile à expliquer... Je voulais demander à M. Chalmers de venir me voir...

– Rappelez-le maintenant.

– Il sera sorti, j'en suis sûre. Par une journée comme celle-ci... De toute façon, elle m'a dit qu'il n'avait pas envie de venir me voir...

– Quoi ?

– Enfin... elle a présenté ça d'une façon très déplaisante... comme si j'étais une calamité et qu'il ne voulait pas gâcher une journée pour me rendre visite...

– Jane, savez-vous de quoi vous parlez ? Pas *moi*.

Elle leva vers lui un regard presque implorant. Il se rapprocha et lui prit la main.

– Expliquez-vous posément. Que se passe-t-il ?

– S'il vous plaît...

Elle déglutit, fit une nouvelle tentative :

– Ça paraît déraisonnable, je le sais, mais je ne peux pas la souffrir. S'il vous plaît, pourriez-vous me débarrasser de Mlle Smith ?

Il garda les yeux baissés sur la main de Jane pour éviter de croiser son regard. Enfin, il dit :

– Elle s'attendait à ce que vous fassiez cette suggestion.

– Ah !

Jane ferma les paupières et vit des petits points lumineux danser dans le noir. Elle avait grand besoin de manger quelque chose. Elle murmura :

– Et comme elle a été la première à vous en parler, cela discrédite d'avance tout ce que je pourrais dire.

– Bon. Expliquez-moi ce que vous lui reprochez.

Elle avait si souvent répété cette conversation dans sa tête qu'elle sut exactement les objections qu'il allait lui opposer.

– Il y a incompatibilité de caractère entre nous. Elle... elle me donne la chair de poule. Elle me suit comme mon ombre.

– C'est le rôle d'une infirmière.

– Vous rendez-vous compte que c'est la première fois depuis son arrivée qu'elle nous laisse parler en tête à tête ? Et encore : c'est parce que j'ai fini par lui dire de ne plus me coller.

– Vous lui avez dit ça ?

– Oui. Ne vous en aurait-elle pas informé ? Elle refuse de prendre un jour de congé. Elle est toujours...

– Pour moi, une infirmière qui refuse de prendre un jour de congé est une perle.

– Oh ! mes aïeux...

– Du calme. Supposez que la prochaine infirmière ne vous plaise pas non plus. Que ferons-nous alors ?

– J'aimais bien Zee.

– Zee était là quand vous êtes sortie du... Elle faisait partie du seul univers que vous connaissiez. Un bébé ne remet pas en cause sa mère ; c'était pareil pour vous. Mlle Smith, elle, représente une expérience nouvelle.

– Elle surveille mes moindres faits et gestes. Elle a écouté aux portes quand j'ai essayé de joindre Austin au téléphone.

– Vous avez appelé Austin ? Comment savez-vous qu'elle a écouté ?

– J'ai vu un pan de sa robe disparaître à l'angle du hall quand je suis sortie du bureau.

– En êtes-vous sûre ? Vos yeux...

– Oh, à quoi bon ? Dites, docteur...

Elle s'apprêtait à lui demander de parler à la police du cadavre découvert dans une rivière de Virginie, mais elle se ravisa.

– Oui ?

– Rien.

– Désirez-vous manger quelque chose ?

Elle plongea son regard dans ses yeux bienveillants et craignit de fondre en larmes.

– Je veux bien, dit-elle avec un rire qui ressemblait plutôt à un sanglot. Je meurs de faim.

– Je vais vous envoyer Adeline, dit-il en s'éloignant.

Peu après, Adeline lui apporta un sandwich au fromage, un verre de lait et une pomme. Kirk, qui passait par là, proposa à Jane d'aller voir la serre, et Marlene de l'accompagner voir le perchoir à oiseaux ; elle déclina les deux offres, n'osant pas quitter son poste. Cependant, l'en-cas et ces témoignages de sympathie lui remontèrent le moral et elle se sentit moins seule. Il y avait bel et bien des gens qui se souciaient d'elle. Même si c'étaient des gens comme Kirk et Marlene.

Lorsque le téléphone sonna une nouvelle fois, elle entendit Gillian l'appeler. Dans sa hâte de regagner la maison, elle faillit renverser son fauteuil roulant. Mlle Smith sortit de l'une des pièces pour lui venir en aide, et Jane fut terrifiée à l'idée que l'infirmière trouve un moyen de l'empêcher de répondre.

– J'arrive ! cria-t-elle à plusieurs reprises.

– Vous allez vous faire mal, mademoiselle Wallcutt, dit l'infirmière avec sollicitude. Et ne hurlez pas ainsi, vous effrayez les autres malades.

Les «autres» malades. Elle avança plus lentement, glacée par cette allusion au fait qu'elle appartenait à la même espèce que Bonnie, par exemple. Mlle Smith poussa son fauteuil dans le bureau. Jane la remercia et attendit. L'infirmière sortit et Jane ferma la porte derrière elle.

– Allô ?

– Jane ? C'est Austin.

Elle éprouva un tel soulagement qu'elle en eut le souffle coupé.

– Jane ? Tu es là ?

– Oui, je... euh, je me suis dépêchée.

– Que se passe-t-il ? Il paraît que c'est urgent.

Jusqu'à cet instant, elle avait pensé que tous ses ennuis seraient terminés dès qu'elle entendrait la voix d'Austin ; mais maintenant qu'elle l'avait au bout du fil, elle ne sut que dire. Elle était au supplice, comme un chien incapable d'expliquer à son maître ce qui ne va pas.

– Austin...

– Eh bien ?

– Je me sens un peu bête... d'avoir dit que c'était urgent. En fait, je... bref, j'étais sans nouvelles de vous depuis deux semaines... et la vie est si morne, ici... et puis la nouvelle infirmière...

Tous ses efforts pour prendre un ton léger tombèrent à plat.

– Je ne supporte pas l'infirmière, conclut-elle.

– Pourquoi ?

– Oh, c'est difficile à expliquer. Elle est *collante* comme, euh... comme de la mélasse... elle me donne le cafard... elle...

– Je vois, dit-il d'un ton neutre.

Il était comme le médecin. Impossible à atteindre. La situation était sans issue. De quelque côté qu'elle se tournât, elle se heurtait à un mur. Quoi qu'elle dît, elle aggravait son cas.

– Enfin... en réalité, je voulais vous remercier pour le cadeau. Je l'aime beaucoup. J'aime bien aussi Gladys Valentine. Il faut absolument que j'aie votre... Je veux dire, *son* adresse... Oh ! à propos, pourquoi avez-vous pensé que je pourrais avoir besoin d'une médaille de saint Christophe ?

– *Moi*, je ne pense pas que tu en aies besoin. Mais *toi*, tu as l'air de croire que si.

– Ah !... En tout cas, merci. Et... euh... je ne voudrais surtout pas abuser, mais...

– Tu ne voudrais pas *quoi* ?

– Je dis... euh... je dis que je ne voudrais pas abuser, mais...

– Aurais-tu écouté des feuilletons à l'eau de rose, ces derniers temps ?

– C'est que... ici, tout le monde a l'air de trouver que je suis un bien lourd fardeau. L'infirmière a dit que c'était un manque de tact d'inviter Howard Chalmers à venir me voir... tout le monde a jugé que c'était trop compliqué de m'emmener à l'église... Gillian craint que je lui donne un surcroît de travail si l'infirmière s'en va...

– Mais enfin, bon sang, qu'est-ce que tu as ?

– Oh ! rien... c'est juste... je crois que je m'ennuie, voilà tout. Allez-vous... enfin, comptiez-vous venir ce week-end ?

– Non, pas ce week-end. Le procès Greer s'ouvre lundi... Que dis-tu ?

– Vous... vous ne pouvez vraiment pas...

– Ecoute, veux-tu que je réussisse ma carrière, oui ou non ? Je suis allé au bureau ce matin et il faut absolument que j'épluche mon dossier. Qu'est-ce qui ne va pas ?

– Mon Dieu, que je suis bête... je ne voulais pas...

Elle pleurait, et elle craignit qu'il ne la soupçonnât de chercher à l'apitoyer.

– Excusez-moi, bredouilla-t-elle. Je sais que, pour vous, je suis une névrosée... Ça ira mieux dans un instant...

– Ecoute, dit-il d'un ton soudain décidé, peux-tu attendre jusqu'à la semaine prochaine ? Je passerai te prendre samedi, dès que je pourrai me libérer, et tu séjourneras quelque temps chez ma mère. Je ne sais pas ce qui cloche, mais j'ai l'impression qu'un changement d'air ne te fera pas de mal.

Elle faillit en perdre la respiration. Ses sanglots redoublèrent.

– Oh ! mais... je ne peux pas imposer ma présence à votre mère...

– Ne raconte pas de bêtises. Fais tes valises... enfin, demande à ton infirmière de les préparer et dis-lui qu'elle t'accompagne...

– Mlle Smith ? Elle viendra aussi ?

– Ecoute... il te faut bien *quelqu'un*, non ? Et puis

je veux voir de quoi elle a l'air. Si elle me fait mauvaise impression, nous la renverrons. Je viendrai vous chercher toutes les deux à... disons, en début d'après-midi. Est-ce que ça te va, ou préfères-tu quand même que je vienne aujourd'hui ?

– Je... non, je ne serai pas prête... et j'arriverai bien à tenir encore une semaine si... si... Vous êtes bien *sûr* de venir la semaine prochaine ?

– Sauf si je meurs dans un tremblement de terre, mais comme il n'y a pas beaucoup de tremblements de terre dans la région...

– Et si votre mère... ?

– Tu connais maman... Pardon, j'oubliais. Ne t'inquiète pas, elle sera ravie. Elle m'a déjà proposé plusieurs fois de t'amener, mais je n'étais pas certain que tu sois prête.

– Je... Austin, vous êtes sûr que tout ira bien ?

– Je ne t'ai jamais vue si... (Il s'interrompit.) Oui, j'en suis sûr.

Elle ne pouvait se résoudre à interrompre la communication. Cherchant désespérément un sujet de conversation, elle demanda :

– Avez-vous reçu ma lettre ?

– Quelle lettre ?

Nouvelle confirmation de ses craintes. D'une voix qu'elle s'efforça de contrôler, elle dit :

– Je vous ai envoyé un mot de remerciement pour la médaille. Je l'avais confié à Mlle Smith.

Silence. Enfin, il dit :

– Oh, tu sais comment sont les bureaux de poste des petites villes... D'ailleurs, quelle importance si elle n'a pas posté cette lettre ? Elle savait que tu pouvais me téléphoner.

– En fait, euh.. j'ai eu un *certain* mal à vous joindre. Je veux dire... vous n'êtes pas souvent chez vous.

– Pourquoi ne lui demandes-tu pas carrément si elle a mis ta lettre à la boîte ?

– Non. Enfin, je... de toute manière, si elle ne l'a *pas* fait, elle ne l'avouera pas.

– Bon... A la semaine prochaine.

Elle savait que, dès qu'il aurait raccroché, dès que

le fil serait rompu, les peurs délétères reviendraient rôder autour d'elle.

– Je... euh... Austin ?

– Oui ?

Mais elle ne trouva rien à ajouter.

– Merci.

Nouveau silence. Puis, d'un ton quelque peu sarcastique, il dit :

– Pas de quoi.

Elle ne put interpréter son intonation. Ce n'était pas de l'hostilité. Du mécontentement, alors ? Non, plutôt de la défiance. Mais de la défiance envers quoi ?

Manœuvrant son fauteuil roulant, elle sortit du bureau et trouva Mlle Smith qui l'attendait dans le hall.

– J'ai pensé que vous auriez peut-être besoin de moi pour vous préparer. Le dîner va être servi.

Jane aurait préféré attendre la dernière minute pour prévenir l'infirmière, de peur que celle-ci ne tentât de faire échouer le projet. Mais, selon toute probabilité, Mlle Smith était déjà au courant.

– Mademoiselle Smith, dit-elle d'un ton aussi neutre que possible, mon fiancé viendra nous chercher samedi prochain. Il m'a invitée à séjourner chez sa mère.

– Pour combien de temps ?

– Je... je ne sais pas exactement. Je... il faudra que j'emporte quelques vêtements. Nous allons faire l'inventaire de ma garde-robe. Je voudrais faire raccourcir quelques-unes de mes jupes, et je voudrais aussi que vous fassiez venir un coiffeur. Bien sûr, si *vous* préférez ne pas m'accompagner...

– Au contraire, mademoiselle Wallcutt, j'en serai enchantée. Je pense qu'un changement de cadre nous fera du bien à toutes les deux.

Jane lui lança un rapide coup d'œil et s'aperçut avec inquiétude que l'infirmière ne semblait pas hostile à l'idée de partir. Elle réfléchissait.

18

Soit Mme Berquist avait organisé une réception en l'honneur de Jane, soit c'était le genre de maison où les amis s'invitaient à l'improviste. Lorsqu'ils s'engagèrent dans l'allée en macadam, Jane vit sept ou huit voitures garées devant l'entrée.

La maison était une grande demeure ancienne, en brique ocre, entourée d'une maigre pelouse et de vieux arbres au feuillage touffu. Sur le côté, une large plate-bande était prête à recevoir des fleurs.

Jane se sentait nerveuse. Austin la souleva dans ses bras et se dirigea vers la porte. Derrière eux venait Mlle Smith, une valise dans chaque main. La jeune fille qui leur ouvrit n'était pas vêtue d'un uniforme mais d'une robe ordinaire. Apparemment aussi mal à l'aise que Jane, elle dit avec un accent suédois prononcé :

– Bonjour, monsieur Austin. Ils sont tous sur la terrasse.

Austin installa Jane sur la banquette du vestibule pendant qu'il montrait à Mlle Smith la chambre du rez-de-chaussée. En attendant, Jane examina le dallage en pierre, l'escalier circulaire et le vaste salon qu'on apercevait au-delà.

– Alors ? dit-il à son retour.

Se méprenant sur le sens de sa question, elle répondit :

– C'est ravissant.

– Ce que je te demande, c'est si ça fait tilt dans ton esprit. Te rappelles-tu cette maison ?

A cet instant, Mlle Smith apparut.

– Où se trouve le fauteuil roulant que Mme Berquist a loué ? s'enquit-elle.

– Je ne... Demandez à Karen.

– Non, dit Jane, je ne me la rappelle pas. Désolée.

Il la prit à nouveau dans ses bras et lui fit traverser le salon encombré de meubles massifs, de portraits, de livres et d'instruments de musique. Elle se fit la réflexion que, si les Berquist semblaient aisés, ils étaient loin d'être aussi riches qu'elle.

Dehors, au-delà des portes-fenêtres, il y avait une terrasse en pierre avec des fauteuils et des tables de jardin, où un certain nombre de gens, assis en rond, bavardaient en buvant. Bien qu'on fût seulement en avril, ils portaient tous des vêtements légers en coton. Jane se sentit un peu ridicule. Elle avait demandé à Mlle Smith de lui faire raccourcir son manteau et sa robe verte en lainage, mais l'infirmière avait été incapable de trouver une couturière, tout comme elle n'avait pas réussi à trouver un coiffeur. Mais les cheveux longs et raides de Jane faisaient beaucoup moins «déplacé» que sa tenue de ville.

– Janie ! Vous avez une mine superbe. Quel joli bronzage ! Je suis si heureuse que vous soyez enfin ici.

Comme Austin la déposait sur un siège, l'une des femmes tendit les bras vers elle et se pencha pour l'embrasser. Mme Berquist poursuivit :

– J'ai bien insisté pour aller vous voir, mais mon entêté de fils tenait à ce que vous me rencontriez dans mon cadre naturel. Il voulait réveiller vos souvenirs. (Elle rit.) Apparemment, ils ne se sont pas réveillés.

– Non... je regrette. Je ne me souviens...

– Et vous êtes mademoiselle Smith ? enchaîna Mme Berquist en serrant la main de l'infirmière.

La mère d'Austin ne correspondait pas à l'idée que Jane s'en était faite, c'est-à-dire une femme «bien conservée», aux cheveux gris et à la silhouette impeccable. Mme Berquist avait effectivement les cheveux gris, mais elle était rondelette et entre deux âges. Son visage avait dû être joli autrefois, mais elle n'avait rien fait pour le conserver en l'état. Plus curieux encore, elle portait un long boubou qui ne la flattait certes pas mais paraissait confortable. Le père d'Austin, en revanche, était plus conforme à ce qu'elle en attendait : un homme de haute taille, d'allure distinguée, qui s'exprimait avec pédanterie, comme Howard Chalmers.

– C'est un bien grand plaisir de vous voir, Jane. Quel effet cela fait-il de retrouver le monde civilisé ?

– C'est délicieux. Absolument délicieux.

En voyant les voitures, elle avait craint de devoir rencontrer un grand nombre d'inconnus, mais Mme Berquist avait invité les Dickinson, Gladys Valentine et Howard Chalmers, plus quelques personnes dont elle ne se souvenait pas. Il y avait également la sœur d'Austin – dont Jane n'avait jamais soupçonné l'existence – et le mari de cette dernière, plus quelques vieux amis des Berquist.

M. Berquist lui proposa un Martini mais, en cette fin d'après-midi, le soleil était encore chaud et Jane avisa sur la table roulante un cocktail qui lui parut plus tentant dans son grand verre givré.

– Excusez-moi... pourrais-je plutôt avoir de cela ?

Il sembla surpris mais alla lui chercher ce qu'elle désirait.

– Si vous souhaitez vous changer, mademoiselle Smith, dit Mme Berquist avec amabilité, Karen va vous conduire à votre chambre.

Mlle Smith s'était assise derrière Jane, dans une attitude qui n'était ni celle d'une invitée ni celle d'une domestique. Elle répondit :

– Ça va très bien, madame Berquist. J'ai changé d'uniforme avant de partir.

De toute évidence, Austin avait parlé à sa mère de l'aversion que nourrissait Jane à l'égard de son infirmière. Mme Berquist reprit d'un ton ferme :

– Dans ce cas, vous pourriez peut-être déballer les affaires de Mlle Wallcutt.

L'infirmière braqua sur Mme Berquist l'étrange regard de ses yeux opaques. Tout le monde bavardait autour d'elles, mais les deux femmes paraissaient isolées des autres. Jane interrompit leur bras de fer, comme si elle craignait que son hôtesse ne se fît ensorceler :

– Euh, mademoiselle Smith... le temps est tellement doux que je vais avoir besoin de vêtements plus légers. Voulez-vous vérifier que certaines affaires en soie ou en coton n'ont pas besoin d'un coup de repassage ?

Les yeux opaques se tournèrent vers elle, et Jane ne put s'empêcher de tressaillir. C'était comme si elle avait tiré la queue d'un lion pour détourner son attention d'une autre victime. L'infirmière le lui ferait payer, ça aussi, tout comme elle avait déjà puni Jane en ne lui faisant pas raccourcir ses robes ni couper les cheveux.

– Certainement, mademoiselle Wallcutt.

– Ton cocktail, Jane, dit Austin.

– Oh ! excusez-moi... je ne vous voyais...

– Si tu répètes encore une fois «excusez-moi», je t'assomme.

– Oh, ex... je veux dire... (Elle se mit à rire.) Ce cocktail est divin. Qu'est-ce que c'est ?

– Du punch.

Il l'observait avec une étrange insistance. Désorientée, elle se détourna pour écouter les conversations de ses voisins.

– Ces rumeurs de complot étaient totalement absurdes, disait son tuteur. L'assassinat a été commis par un cinglé qui a agi seul.

– Je suis de votre avis, renchérit Wilson, le beau-frère d'Austin. Nombre de gens se font tuer sans raison par des détraqués qui devraient être à l'asile.

Liz Dickinson manifesta son désaccord :

– Vous ne tenez pas compte de nombreux détails qui n'ont pas été expliqués. Certaines personnes, quand elles ont une théorie, écartent systématiquement les faits qui tendent à la réfuter.

Tout en écoutant, Jane songea à quel point leurs voix se ressemblaient : profondes, bien timbrées, distinguées. Elle ferma les yeux pour voir si elle était capable de reconnaître celui ou celle qui parlait. Seule Gladys Valentine avait une voix différente.

– Comment vas-tu depuis la dernière fois ? lui demandait justement Gladys.

– Très bien. Enfin, non... pas vraiment.

– Ah ? Pourquoi donc ?

– Il faut croire que je fais partie des éternelles insatisfaites. A propos... j'ai voulu vous téléphoner, l'autre soir, mais je n'ai pas pu trouver votre nom dans l'annuaire.

– Avais-tu quelque chose de particulier à me dire ?

– Ma foi... non. Je voulais juste vous demander de venir me voir.

– Dis-moi pourquoi tu n'es pas satisfaite. Qu'est-ce qui te tracasse ?

Elle trouva étrange que Gladys ne lui proposât pas de lui donner son numéro de téléphone. Austin revint sur ces entrefaites, portant un plat à hors-d'œuvre contenant des olives, des radis et des canapés ronds tartinés d'une mixture crémeuse. Jane répugnait à discuter de la situation en présence d'Austin, mais Gladys insista :

– Quel est ton problème ?

– Son infirmière, dit Austin.

Gladys et lui échangèrent un coup d'œil, comme s'il existait entre eux une mystérieuse connivence. Jane se demanda soudain si Gladys n'était pas plutôt une amie d'Austin qu'une amie à elle. On pouvait raconter n'importe quoi à une personne amnésique. Elle essaya de réévaluer son opinion sur Gladys : celle-ci était physiquement quelconque, certes, mais elle avait une personnalité chaleureuse, une vive intelligence... et peut-être encore d'autres qualités cachées. Cette pensée bouleversa Jane à tel point qu'elle but une grande gorgée de son cocktail pour la noyer.

– ... m'a l'air assez normale, disait Austin. Elle est effectivement un peu agaçante – je parle de sa façon de s'incruster, comme tout à l'heure – mais les gardes-malades ont toujours tendance à être un peu bizarres.

– A qui le dis-tu ! s'exclama Patty, la sœur d'Austin. Quand je suis rentrée de clinique, après la naissance de Corky, on m'a envoyé une véritable calamité. Tout le monde me disait que c'était l'accouchement qui me portait sur les nerfs, mais je sentais que je deviendrais folle si je ne chassais pas cette créature de chez moi. Elle ne me laissait jamais seule. Même quand Wilson rentrait le soir.

– L'arme qu'on a retrouvée près du Sud-Américain ne portait pas ses empreintes, disait Liz. Comment aurait-il pu les essuyer lui-même, puisqu'un policier l'a abattu juste après le meurtre ?

– Ridicule ! intervint un homme que Jane ne connaissait pas. Dans les moments de panique, très peu de gens se rendent compte exactement de ce qui se passe. N'importe qui a pu ramasser le pistolet avant que le policier ne s'en empare.

– Dans ce cas, pourquoi n'y avait-il pas au moins des empreintes brouillées ? On n'a relevé aucune trace.

– Supposez qu'une personne gantée l'ait ramassé... une femme qui se trouvait là, par exemple ? Ou alors, supposez que le policier l'ait pris en le tenant exactement comme l'assassin ? Il aurait alors couvert les autres empreintes. Après tout, il n'y a pas trente-six façons de tenir un pistolet.

– Vous parlez d'un policier !

– Mettez-vous à sa place : le gouverneur venait d'être assassiné, des milliers de personnes se bousculaient sur les lieux... Il a peut-être été obligé d'agripper l'arme pour éviter qu'elle ne se perde sous les pieds de la foule.

Le cocktail était plus fort qu'il n'y paraissait au goût. Jane se sentait étrangement étourdie. Se tournant vers Austin, elle dit :

– A propos de complot...

Le visage d'Austin parut s'assombrir, comme si elle le voyait à travers une vitre teintée.

– Oh ! je sais que vous en avez assez de mes sessions... euh, non... obsessions... mais il faut que je vous parle de quelque chose.... A t on retrouvé Zee ?

– Zee ?

– Mon ancienne infirmière.

– Ah ! Je ne sais rien de nouveau.

– Personne n'a donc vérifié... ? Non, bien sûr, pourquoi auriez-vous...

– Que disais-tu, à propos de complot ? intervint Gladys.

– Eh bien... ma première infirmière m'a quittée, et... enfin, je... j'ai lu dans le journal qu'on avait retrouvé le cadavre d'une femme... une Noire ayant à peu près l'âge de Zee... alors... Mais non, ce sont des idées morbides.

– Où a-t-on retrouvé ce corps ? demanda Austin.

– C'est justement là que le bât blesse. (Elle but une autre gorgée de son cocktail.) Remarquez, si *je* devais cacher un cadavre, c'est ce que je ferais : je l'emporterais le plus loin possible du lieu du crime. On l'a repêché dans une rivière de Virginie.

– En Virginie !

– Ça n'a rien d'impossible. Je voudrais... je veux appeler la sœur de Zee pour m'assurer...

– Je suis sûr que la police fait le nécessaire.

– Oui, mais... on pourrait leur parler du corps retrouvé en Virginie. Ça les aiderait peut-être à l'identifier. D'après le journal, il était... euh... décomposé.

– Dans ce cas, ça ne peut pas être Zee. Elle n'a pas disparu depuis suffisamment longtemps.

De façon inattendue, Gladys objecta :

– Sur ce point, tu te trompes.

Il la regarda.

– Tout dépend des conditions, expliqua-t-elle. Je connais le cas d'un cadavre qui avait séjourné deux semaines dans l'eau en plein mois de juin, au large de Long Island. Quand on l'a retrouvé, ce n'était plus qu'un squelette.

A cet instant, une silhouette féminine apparut à l'angle de la maison.

– Ellis ! s'exclama Mme Berquist en se levant. Quelle bonne surprise !

– J'ai vu toutes ces voitures dehors, et j'avais soif... Alors, j'ai décidé de m'inviter à prendre un verre.

– Maintenant que vous êtes là, vous allez rester dîner avec nous. Venez, que je vous présente.

Mme Berquist conduisit la nouvelle venue vers Jane. Vêtue d'une élégante et impeccable tenue de golf, la femme prénommée Ellis était petite et mince, avec un visage de fouine et des cheveux bruns retenus par une résille. Elle plissait les yeux en permanence, comme si elle jaugeait le monde.

– Janie, je vous présente Ellis Hamden... Ellis, voici Jane Wallcutt.

Jane posa son verre et essaya de voir la femme plus distinctement.

– Je connais Mme Hamden, dit-elle soudain.

– Comment ?

Mme Berquist la regarda, stupéfaite, mais l'arrivante ne sembla pas l'avoir entendue. Elle saluait déjà les autres, et quelqu'un lui demanda quel score elle avait fait.

– Quatre-vingt neuf. Vous voyez la grande boucle, au sixième trou ? J'ai pris le putter mais, au lieu de suivre le parcours, j'ai essayé de couper...

Perplexe, Jane disait :

– Je suppose que je l'ai vue quelque part depuis l'accident.

– ... ne peut pas frapper la balle avec un fer numéro neuf. Il vaut mieux utiliser un numéro trois.

– Peut-être m'a-t-elle rappelé quelqu'un, reprit Jane.

Mme Berquist, Austin et Gladys la dévisageaient fixement.

– Ne me regardez pas comme ça ! protesta-t-elle.

Austin dit avec irritation :

– De toutes les personnes présentes, Ellis Hamden est bien la dernière que je m'attendais à te voir reconnaître. C'est une divorcée que maman a connue à son club.

– Je n'y peux rien... J'ai parfois des éclairs, comme ça, quand je vois un certain visage, ou... ou une couleur, ou même quand je sens une certaine odeur...

– Elle dégage *effectivement* une odeur, admit Austin, mais elle vient de jouer au golf.

– Tu m'as l'air bien mieux que la dernière fois, dit Howard Chalmers en s'asseyant à côté d'elle. Tu sais, mon petit, j'ai voulu retourner te voir à la clinique, mais ton infirmière m'a fait comprendre que tu préférais ne pas t'embarrasser d'un vieil homme...

– Mais c'est faux ! J'avais très envie de vous voir, au contraire. Vous ne pouvez pas savoir... j'étais... j'étais si déprimée la semaine dernière...

– Tu aurais dû m'appeler.

– Eh bien... j'ai essayé, mais... En tout cas, je suis très heureuse d'être ici avec vous tous.

– Il faudra que tu viennes t'installer chez moi quand tu en auras assez de l'hospitalité de cette maison. (Il sourit à Austin.) Ou alors, je te louerai peut-être un petit appartement. Nina aimerait beaucoup s'occuper de toi.

– Vous êtes si gentils, tous ! Mais je voudrais bien ne pas avoir besoin qu'on «s'occupe» de moi.

– Seuls les paranoïaques voient des complots partout. Un cinglé a fait un carton sur le gouverneur, et il a agi seul. Il n'y a pas à chercher plus loin.

Elle commençait indubitablement à avoir le vertige. Autour d'elle, les conversations déferlaient et refluaient, comme des vagues qui la soulevaient et l'engloutissaient tour à tour. La discussion sur les armes à feu se mêlait aux commentaires sur les handicaps et les bois de golf, tandis que, dans un coin de la terrasse, les annonces de bridge se fondaient dans une conversation sur les enfants. Un grand chien déboula sur la pelouse en bondissant et se mit à flairer tout le monde. Jane lui caressa la tête ; aussitôt, il s'allongea près d'elle et lui titilla la main avec sa truffe. Elle s'aperçut soudain que Hopeless lui manquait.

– Tu es fatiguée ?

Ses paupières s'étaient fermées sans qu'elle en eût conscience. Rouvrant les yeux, elle vit Austin qui l'observait.

– Non, ça va.

– Tu ne veux pas t'allonger un peu avant le dîner ?

La perspective de retrouver Mlle Smith la fit reculer.

– Non... ici, je peux me détendre.

– Regardez, disait Mme Berquist. Schubert se souvient de Jane.

D'une voix traînante, Austin fit observer :

– Si un clochard bigleux le caressait, Schubert serait prêt à le suivre sur trois pattes.

– Voilà qui est flatteur !

La réflexion émanait d'Ellis Hamden. Austin la regarda sans comprendre, puis il dit avec un large sourire :

– Jane a *vraiment* un problème d'yeux. Pas vrai, mon chou ?

Pour autant qu'elle se souvînt, c'était la première fois qu'il lui adressait un terme d'affection. Elle tourna la tête vers lui, mais son attention fut distraite par l'arrivée de deux enfants qui rejoignaient le chien avec plusieurs longueurs de retard.

– Jane, annonça Mme Berquist, voici les enfants de Patty... et de Wilson, ajouta-t-elle après réflexion.

Jane vit un garçonnet de quatre ans et une fillette de sept ans, pieds nus, vêtus de Levi's délavés et de chemises amples. Sans le moindre embarras, ils s'approchèrent du groupe rassemblé sur la terrasse.

– Vous feriez bien d'aller vous laver, leur dit Mme Berquist. Sinon, pas de dîner.

Ils ne lui accordèrent aucune attention, comme s'ils avaient l'habitude de ne pas relever les réflexions de leur grand-mère. Fascinés, ils regardaient les jambes de Jane. On les avait manifestement prévenus.

– Tu as des jambes ! dit le petit garçon, surpris. Pourquoi tu peux pas marcher, alors ?

À haute et intelligible voix, sa sœur fit observer :

– Ce n'est pas poli de parler de ces choses-là.

Les invités pouffèrent, mais un peu nerveusement.

– J'ai été blessée dans un accident, dit Jane.

– C'est quoi, un accident ? s'enquit le garçonnet.

– Viens là, je vais t'expliquer.

Il s'approcha sans hésitation, et elle le hissa sur ses genoux.

– Nous y voilà ! déclara Liz en riant. Jane, la Mère avec un grand M !

– Vous allez vous salir, soupira Mme Berquist. Où t'es-tu crotté comme ça, Corky ?

– Je suis encore un enfant, répondit-il d'un ton plaintif.

Il y eut un éclat de rire général – plus naturel, cette fois. Corky tendit la main pour attraper la médaille de saint Christophe. Ce faisant, sa joue frôla celle de Jane.

Alors, brusquement, elle éclata en sanglots.

19

Elle se cramponnait désespérément à l'enfant, qui, alarmé, se débattit pour descendre de ses genoux. Mais elle ne pouvait desserrer son étreinte. Ses sanglots firent voler en éclats le calme du jardin, comme de la vermine s'échappant d'une boiserie vermoulue.

Austin se leva précipitamment pour tenter de lui faire lâcher prise, tandis que sa sœur gloussait nerveusement :

– Voyons, Corky, arrête ! Tu es vraiment trop bête.

Corky ne faisait pourtant rien d'autre que d'essayer de descendre. Tous les autres avaient l'air embarrassé. Austin parvint finalement à dégager le garçonnet, que sa mère emmena dare-dare. Puis, sans avertissement, il souleva Jane dans ses bras et l'emporta dans la maison.

Comparé à la terrasse, le salon était frais et sombre. Austin s'immobilisa sur le seuil, le temps que ses yeux s'accoutument à la pénombre.

– Préfères-tu aller dans ta chambre ou dans le cabinet de travail ? demanda-t-il.

Bien qu'elle eût cessé de sangloter, elle avait la gorge trop serrée pour répondre. Tout était fini, à présent. On allait la ramener à l'hôpital et l'y abandonner avec Mlle Smith. Elle n'était même pas capable d'avoir un comportement civilisé. Elle qui avait attendu si longtemps ce moment, voilà qu'elle avait tout gâché.

Austin la transporta dans la chambre, où Mlle Smith défaisait les valises. Surprise, l'infirmière leva la tête à leur entrée. Elle considéra Jane un moment, puis s'enquit :

– Auriez-vous pleuré, mademoiselle Wallcutt ?

– Si vous voulez bien nous laisser, mademoiselle Smith, dit Austin d'un ton cassant.

Elle haussa les sourcils.

– On m'a demandé de déballer les affaires, et maintenant...

– Je voudrais parler à Mlle Wallcutt en tête à tête.

Après un moment d'hésitation, elle sortit en laissant la porte ouverte. Austin ferma le panneau d'un coup de pied et déposa Jane sur le lit, poussant une pile de vêtements sur un fauteuil. Puis il s'assit près d'elle.

– Veux-tu un verre d'eau ? dit-il lorsqu'elle lui parut complètement calmée.

Elle secoua la tête d'un air morne. Il jeta un coup d'œil autour de lui et, avisant le sac à main de Jane, il en sortit un mouchoir qu'il lui tendit. Elle s'essuya les yeux, se moucha. Au bout d'un moment, il reprit :

– Bon. Que s'est-il passé ?

Elle le regarda, songeant à quel point il était inaccessible. *Mens sana in corpore sano*, tandis qu'elle...

– Je n'en sais rien, dit-elle avec lassitude. Aussi incroyable que cela paraisse, je n'en sais rien.

Il demeura silencieux un moment, puis laissa échapper un long soupir.

– Je me suis donnée en spectacle, reprit-elle. Vous devez être très embarrassé. Et dire que je vous ai pratiquement forcé à m'amener ici... Je ne sais comment m'excuser. Vous n'aurez qu'à me ramener demain à la clinique si vous voulez...

– Tu dois bien savoir ce qui s'est passé. Réfléchis, bon sang ! Fais marcher ton cerveau.

– Vous êtes convaincu que c'est uniquement une affaire de volonté, n'est-ce pas ? murmura-t-elle tristement. Vous parlez comme un entraîneur de football encourageant son équipe avant un match.

– Crénom, Jane, si *tu* refuses de t'aider, que pouvons-nous faire, nous autres ?

– Rien, dit-elle dans un souffle. Je suis un cas désespéré.

– Oh, la ferme ! glapit-il. Cesse de t'apitoyer ainsi sur toi-même.

Elle contempla ses mains. *Cesse de t'apitoyer ainsi sur toi-même*. Pourquoi l'apitoiement sur soi-même était-il toujours considéré comme la forme de comportement la plus vile ?

– C'est sans doute dû au cocktail, dit-elle d'une voix durcie. Je ne suis pas habituée à l'alcool.

– Il y a *forcément* autre chose.

– Eh bien... Corky est le premier enfant que je prenais sur mes genoux depuis... Il y avait des enfants dans l'incendie...

Il demeura silencieux. Tellement silencieux qu'elle essaya de voir son expression, mais la pièce était trop sombre. Elle lui aurait volontiers demandé d'allumer si elle n'avait pas été sûre d'avoir la peau marbrée, les yeux rougis, les cheveux en désordre. Pourquoi n'était-elle pas restée tranquillement où elle était, sans ennuyer personne ? Ce n'était pas mieux ici qu'à la clinique. Non, c'était même pire. Au lieu de régresser lentement, elle progressait trop vite, irrésistiblement entraînée vers une inévitable catastrophe. Sa venue ici n'avait fait que l'en rapprocher.

– Ecoute...

– Oui ? demanda-t-elle.

Sentant qu'il allait dire quelque chose d'important, elle concentra son esprit pour bien comprendre.

– Raconte-moi tout encore une fois.

– C'est-à-dire ?

– Tu sais bien...

– Tout ce que je me rappelle, c'est ça ?

– Non, à moins qu'il y ait du nouveau. Je te parle... euh... du reste : les menaces... tes soupçons...

– Ah !

Elle détourna la tête, regarda par la fenêtre.

– Pourquoi ? Vous allez encore me croire paranoïaque.

L'infirmière ouvrit la porte pour annoncer :

– Le dîner est servi, mademoiselle Wallcutt. Mme Berquist voudrait savoir si vous...

– Dites à Mme Berquist de commencer sans nous, glapit Austin. Et je vous prierais de frapper avant d'entrer, mademoiselle Smith.

Lentement, le visage de l'infirmière s'empourpra. Elle considéra Austin d'un air incrédule.

– Monsieur Berquist, je n'ai pas l'habitude...

– Une patiente a droit à l'intimité, mademoiselle Smith.

– De toute ma vie, on ne m'a jamais parlé de cette manière.

– De toute sa vie, Mlle Wallcutt n'a jamais été traitée de cette manière. C'est une adulte normale, bien qu'elle soit incapable de marcher. Or vous l'avez traitée comme une enfant. C'est inadmissible.

Mal à l'aise, Jane se demanda ce qui se passerait si elle devait retourner à la clinique avec Mlle Smith. Mieux valait encore la congédier sur-le-champ. Mais, dans ce cas, Mme Berquist se retrouverait avec une infirme sur les bras...

– Je n'avais pas conscience de la traiter comme une enfant, dit Mlle Smith.

Sa voix était de nouveau dépourvue d'expression. Elle avait manifestement décidé de ne pas se vexer. Jane en eut le frisson, encore plus que si l'infirmière avait pris la mouche. Mlle Smith était résolue à ne pas se faire renvoyer. Tournant les talons, elle sortit sans un mot; et, cette fois, elle ferma la porte derrière elle.

– Bon, dit Austin. Maintenant, venons-en à ces... euh... ces menaces contre ta vie.

– Vous n'auriez pas dû lui parler sur ce ton.

– Tu as peur d'elle. Pourquoi ?

– Je vous l'ai dit... je ne sais pas. Elle a quelque chose...

– Très bien. Raconte-moi tout.

Elle récapitula lentement les faits, en s'efforçant de se montrer pondérée et objective. Mais, à trop vouloir éviter l'hystérie, elle tomba sans doute dans l'excès inverse car, lorsqu'elle eut terminé, il dit avec perplexité :

– Tu en parles avec un bien grand détachement. Comme... comme si tu me racontais un rêve.

Elle ferma les paupières.

– Quand je cède à l'émotion, tout le monde dit que je suis paranoïaque. Quand je reste calme, tout le monde dit que j'ai rêvé. C'est sans issue.

Lorsqu'elle rouvrit les yeux, elle vit qu'il souriait.

– Je t'accorde que tu dois en baver, dit-il sans compassion apparente.

Après un silence, il reprit :

– Pourquoi as-tu eu l'impression de connaître Ellis Hamden ?

– Je... je ne sais plus très bien.

Bizarrement, au lieu d'approfondir la question, il s'enquit :

– Comment la trouves-tu ? Sympathique ou antipathique ?

Elle hésita, se demandant ce que signifiait la question. Enfin, machinalement, elle répondit :

– Comment pourrais-je trouver antipathique une femme que je viens de ren...

Mais elle s'interrompit. Elle devait être honnête, quitte à paraître encore plus déséquilibrée :

– Je la déteste.

– Je ne déborde pas d'affection pour elle, moi non plus, dit-il d'un ton uni.

– Pourquoi ?

– Je ne sais pas.

– Vous voyez ? dit-elle, triomphante. On peut éprouver des sentiments inexplicables.

– En fait, si : je sais pourquoi je ne l'aime pas. Elle est froide, dépourvue de passion. Jamais elle ne prend parti. C'est inconcevable d'avoir si peu d'opinions.

C'est inconcevable d'avoir si peu d'opinions. Jane écouta attentivement, attendant quelque chose... elle ne savait pas très bien quoi. Un indice, une clé...

– Continuez, l'encouragea-t-elle.

– C'est tout.

– Ah ? fit-elle, déçue.

Elle avait été sur le point de bondir, mais sa proie lui avait à nouveau échappé.

Il se leva.

– Descendons dîner.

– Oh ! non... je ne peux pas... je vous en prie...

– Bon sang, tu ne vas pas te cacher éternellement !

– Ce serait trop embarrassant. J'ai fait une telle scène ! Et Corky, le pauvre chou... je l'ai terrifié.

– Il a déjà oublié. Cesse de t'abriter derrière un petit garçon. Ecoute... vas-tu te comporter en adulte et essayer de t'en sortir – quel que soit le bourbier dans lequel tu te trouves – ou vas-tu faire l'autruche jusqu'à la fin de tes jours ?

Histoire de gagner du temps, elle dit :

– Qu'avez-vous contre les autruches ?

– Elles ont l'air franchement godiche avec leur tête dans le sable et leur derrière en l'air.

– Je commencerai à être adulte demain. Ce soir, j'ai une tête épouvantable...

– Tu vas commencer tout de suite. Tu es très bien comme tu es. Lave-toi la figure, fais ce que font les filles en pareil cas et allons-y.

Elle aurait volontiers tapé des pieds et crié de rage impuissante ; mais elle craignait, si elle cédait à ce caprice, de ne jamais se voir offrir une seconde chance. Un changement s'opérait chez Austin. Il était un peu moins inaccessible qu'avant, mais il hésitait encore à lui faire confiance ; au moindre faux pas, elle risquait de se retrouver de l'autre côté de la barrière.

D'une voix réticente, comme si on lui arrachait les mots au forceps, elle dit :

– Très bien. Je vais descendre. Appelez Mlle Smith, s'il vous plaît.

Elle ferma les yeux avec lassitude. Elle avait peur de rester seule avec l'infirmière, peur de descendre, peur de déplaire à Austin.

Il se produisit alors quelque chose d'incroyable. C'était tellement inattendu que, au début, elle ne put identifier la sensation. Elle ne vit rien venir jusqu'au moment où elle sentit le léger mélange de tabac et d'alcool, jusqu'au moment où elle sentit un étrange contact sur ses lèvres. Les bras d'Austin l'encerclèrent, la soulevèrent de l'oreiller, la serrèrent contre sa poitrine. Il se montra d'abord brutal, comme s'il voulait lui faire mal; mais, peu à peu, ce contact déclencha en lui une modification chimique et la pression se relâcha. Elle se surprit à entrouvrir les lèvres tandis qu'il la caressait, et ce fut alors comme si une digue se rompait, libérant en elle une douzaine de sensations imprévisibles. La peur la quitta, tel du pus s'écoulant d'une plaie, et le vide fut comblé par un mélange – à la fois nouveau et familier – de douleur et de douceur. Une force dont elle ne se souvenait pas la poussa, presque malgré elle, à nouer ses bras autour du cou d'Austin. Un rideau frémit dans son esprit et, emportée par le torrent qui inondait son cerveau, elle murmura :

– George... George...

20

Sur le moment, il ne se passa pas grand-chose. Austin déglutit, fit glisser ses lèvres vers la gorge de Jane. Puis, comme s'il venait subitement d'enregistrer les paroles de la jeune femme, il se redressa brusquement, la laissant retomber sur les oreillers.

– Qu'as-tu dit ? demanda-t-il, stupéfait.

Elle battit des paupières et tenta de s'éclaircir les idées.

– Que... quand ?

– Comment ça, «quand» ? s'emporta-t-il, furieux. A l'instant, bon Dieu !

– Je n'ai rien dit du tout.

Se levant, il se passa la main dans les cheveux. Les sourcils froncés d'un air incrédule, il dit :

– Tu parles sérieusement ?

– Mais oui... vraiment, je...

– Tu m'as appelé George.

– George... ? répéta-t-elle, perplexe. Vous en êtes sûr ?

– Tu parles si j'en suis sûr !

Il fit volte-face, s'approcha de la fenêtre. Puis, se ravisant, il actionna l'interrupteur d'un féroce coup de poing, inondant la pièce de lumière. Il observa le lit en désordre, les traits ravagés de Jane. Finalement, il se rassit.

Peu à peu, sa colère s'apaisa. Une nouvelle expression semblait lutter pour poindre sur son visage, mais il n'était pas encore prêt à l'accueillir. Le front plissé, il se mordillait la lèvre sans quitter Jane des yeux.

– Vous avez du rouge à lèvres sur la bouche, dit-elle.

Il continua de la regarder fixement, comme s'il avait des problèmes d'ouïe. Puis il porta une main à sa bouche et, contre toute attente, sourit.

– Où voudrais-tu que j'en aie ? (De nouveau, il se leva.) Allons dîner.

– Savez-vous où est le fauteuil roulant ? Ça m'ennuie de vous obliger à me porter.

– Est-ce donc si pénible ?

Il la toisa, les mains dans les poches, le regard pénétrant. Elle se détourna.

– Il faut que je fasse un brin de toilette. J'en ai pour deux minutes. Voudriez-vous appeler Mlle Smith ?

– Pour quoi faire ?

Il la souleva dans ses bras, frôlant son visage au passage, mais il ne l'embrassa pas. Il la déposa sur le couvercle du siège des W.-C.

– Pourras-tu te débrouiller toute seule ? demanda-t-il.

– Oh ! oui. En m'appuyant au mur, ça ira. Je voudrais mettre ma robe longue en coton... celle à fleurs. Pourriez-vous me la sortir ?

Elle l'entendit fourrager dans la penderie pendant qu'elle s'aspergeait d'eau le visage. Prenant appui des deux mains sur le lavabo, elle se leva avec précaution pour se regarder dans la glace. Les marbrures avaient disparu. Elle fit une toilette rapide, se mit du rouge à lèvres, se coiffa, puis annonça à Austin qu'elle était prête. Il vint la chercher et l'assit sur le lit, où se trouvait déjà la robe.

– Quoi d'autre ? demanda-t-il.

– Les sandales. Merci.

– Tu es sûre d'arriver à t'habiller sans moi ?

– Tout à fait sûre.

– Je t'attends dans le hall.

Il sortit en laissant la porte ouverte et elle l'entendit siffloter un air bizarre. Elle ôta son tailleur en laine, ses souliers, ses bas, puis revêtit la robe à fleurs, qui était en fait une sorte de vêtement d'intérieur.

– Voilà, je suis prête.

– Ta robe est très jolie, dit-il en la prenant dans ses bras. Quand l'as-tu achetée ? Zut, c'est vrai, j'oublie...

Il la porta en veillant soigneusement à ne pas la serrer de trop près, comme s'il craignait que, dans un moment d'absence, elle l'appelât de nouveau par un autre prénom que le sien.

– Quel était cet air que vous sifflotiez, tout à l'heure ? demanda-t-elle pour camoufler sa propre nervosité.

Elle entendait un brouhaha de voix en provenance du salon.

– Comment ? Ah ! oui... Ce fichu morceau me trotte dans la tête et je n'arrive pas à m'en débarrasser. C'est la chanson de la pièce que nous avons vue... tu sais...

– Quelles en sont les paroles ?

– Euh... tu veux vraiment les entendre ?

– Oui, pourquoi pas ?

Il se mit à chanter :

– *Mentir, c'est très bien, mais pas devant les enfants. Mourir, c'est très bien, mais pas devant les enfants. Faites du gringue...*

– Quelle chanson abominable !

– Ma foi... sur le moment, elle semblait bien inoffensive... mais évidemment, avec le recul, elle prend un caractère assez horrible...

Ils étaient arrivés dans le salon et elle put voir tous les visages – des ovales flous – se tourner dans leur direction. Ne sachant pas s'il était préférable de présenter ses excuses ou de faire comme si de rien n'était, elle jugea finalement que la meilleure manière de ne pas faire l'autruche était de dire d'emblée :

– Pardonnez-moi ma crise de larmes. Je risque d'avoir ce genre de réaction imprévisible tant que je n'aurai pas retrouvé la mémoire.

– Après la naissance de Corky, dit Patty à son mari, je n'arrêtais pas d'éclater en sanglots, tu te souviens ?

Là-dessus, on laissa tomber le sujet et on passa dans la salle à manger. Liz complimenta Jane sur sa toilette et se lança dans une discussion sur le jardinage. Les enfants étaient hors de vue. Jane se rendit compte qu'elle avait trop bu, car les conversations lui parvenaient comme à travers un écran. Elle saisit des bribes de commérages, des commentaires sur un livre, des allusions à des événements mondains. Tout en mangeant, elle se demanda si le fait d'avoir perdu l'une de ses facultés n'avait pas eu pour effet d'en aiguiser une autre. Elle avait bien entendu dire que la cécité entraînait une plus grande acuité de l'ouïe, mais jamais que l'amnésie entraînât une plus grande acuité de... de quoi, au juste ? Elle n'avait aucun mot pour désigner cette faculté précise.

Elle se sentait réceptive à des influences que, naguère, elle n'aurait sans doute pas remarquées. Il y avait dans la pièce une évanescence qui semblait l'engloutir. Ses sens aiguisés l'incitaient obstinément à prêter une attention particulière à tout ce qui se passait, mais elle ne voyait qu'un groupe de gens en train de bavarder. A sa gauche, M. Berquist discutait fluctuations boursières avec une femme que Jane ne connaissait pas ; à sa droite, le beau-frère d'Austin s'efforçait de l'intéresser à tout un éventail de sujets allant de la politique à la musique. Austin, assis à côté de sa mère, s'entretenait avec Liz, et Gladys riait d'une remarque que lui faisait son voisin, un inconnu. Mlle Smith, elle, dînait apparemment à la cuisine avec les enfants. La seule à rester silencieuse était Ellis Hamden. Jane évita soigneusement de la regarder. L'air semblait chargé de courants électriques.

Ce fut seulement le lundi matin que Jane parvint à mettre un nom sur les impressions qu'elle avait ressenties durant ce dîner : perception extrasensorielle (les «courants électriques» étant en réalité des ondes cérébrales). Mais, tout en se faisant cette réflexion, elle se traita d'idiote.

Ce qui déclencha cette réflexion, ce fut la sonnerie du téléphone, juste après le petit déjeuner. Austin et son père étaient partis travailler, les invités du week-end avaient pris congé. Il ne restait plus dans la maison que Jane, Mme Berquist, Mlle Smith et la bonne.

Confirmant les craintes de Jane, Mme Berquist entra dans sa chambre en annonçant :

– Ah ! Jane... Ellis Hamden vient d'appeler.

Jusqu'à cet instant, elle n'aurait su dire ce qu'elle attendait ; mais en entendant ce nom, elle eut une certitude. C'était bien cela.

– Oui ? dit-elle lentement, sans regarder l'infirmière.

– Le club féminin organise aujourd'hui un déjeuner avec défilé de mode, et elle a pensé que cela vous ferait une distraction. Elle vous invite à l'accompagner. C'est vraiment gentil de sa part, vous ne trouvez pas ? conclut Mme Berquist avec chaleur.

– Comment ferai-je pour y aller ?

– C'est à cinq cents mètres d'ici. Elle a convié également Mlle Smith. Elle passera vous prendre.

Cette fois, Jane lança un coup d'œil à l'infirmière. Celle-ci était apparemment plongée dans son livre, mais ses yeux ne bougeaient pas.

– Dois-je comprendre que vous n'y allez pas ? dit Jane à Mme Berquist.

– J'ai mon travail à l'hôpital, aujourd'hui. De toute façon, elle ne m'a pas invitée.

– Dans ce cas, avec votre permission... je crois que je vais refuser. Je ne me sens...

– Oh, non ! s'exclama Mme Berquist. Je ne pensais pas... Je lui ai répondu que vous seriez ravie.

Elle semblait sincèrement navrée, soit qu'elle fût embarrassée de rappeler, soit qu'elle répugnât à s'absenter en abandonnant son invitée.

– Cela ne fait rien, dit Jane d'une voix lente. J'irai.

Il était absurde de refuser uniquement à cause... A cause de quoi ? D'une évanescence ? D'une sensation ?

– Parfait, dit Mme Berquist, soulagée. Je suis sûre que vous vous amuserez. Mademoiselle Smith, vous feriez bien d'aider Mlle Wallcutt à se préparer. Moi, il faut que je me sauve. Je suis très en retard...

Elle sortit en coup de vent, les laissant toutes les deux seules. Jane contempla ses genoux d'un air sombre. Mlle Smith posa son livre et se leva.

De nouveau, Jane se fit l'effet d'un appât, d'une proie attachée à un arbre, près de l'étang. Les chasseurs étaient à l'affût... et le gros gibier approchait.

21

Elle avait toujours aimé les défilés de mode (pensa-t-elle sans très bien savoir d'où lui venait cette certitude), alors comment se faisait-il que celui-ci lui parût si déplaisant ? Ce n'était pas à cause des vêtements – extravagante collection de pyjamas d'intérieur, de robes droites et de maillots de bain qu'elle aimait bien – mais à cause de l'assistance. Les amies d'Ellis Hamden se montraient polies mais distantes. Elles faisaient juste ce qu'il fallait pour ne pas être désobligeantes, mais pas davantage. Elles répondaient à ses questions mais ne lui adressaient jamais directement la parole ; et quand elles parlaient, elles évitaient son regard. Où avait-elle lu que, lorsque des jurés rendaient un verdict de culpabilité, ils ne regardaient jamais l'accusé ?

Mlle Smith, en uniforme blanc amidonné, était assise à côté d'elle et ne parlait à personne. Elle semblait aussi peu intéressée par la nourriture que par les vêtements. Sa présence était pour Jane un pénible boulet à traîner. Elle n'aurait jamais imaginé qu'une invitation à déjeuner pût être aussi déprimante.

Elle voyait, dehors, une lumineuse terrasse bordée de jonquilles et, au loin, des gens qui jouaient au golf. La piscine, encore vide mais fraîchement repeinte, luisait d'un vert vif aux rayons du soleil.

Alors, qu'avait-elle donc ? Etait-elle condamnée à la morosité pour le restant de ses jours ?

– Apparemment, Mlle Wallcutt n'a pas envie de partir.

– Comment ? Oh ! excusez-moi. Je ne voyais pas...

C'était Ellis Hamden qui avait parlé. Toutes ces dames se levaient, disaient au revoir à leurs amies, récupéraient leurs gants et leurs paquets de cigarettes. Jane endossa la veste de son tailleur tandis que Mlle Smith commençait à la pousser vers la sortie.

– Merci infiniment, dit-elle à son hôtesse. J'ai passé un excellent moment.

– Je vais vous raccompagner à pied.

– Oh... ce n'est pas nécessaire. Vous avez certainement envie de jouer au golf ou...

– Il est trop tard. D'ailleurs, je n'ai pas pris mon matériel.

Ellis Hamden et l'infirmière descendirent le perron en portant le fauteuil roulant, qu'elles poussèrent ensuite dans l'allée. Tout autour, des femmes en voiture faisaient marche arrière et manœuvraient pour sortir du parking. Jane avait affreusement chaud, et la brise était trop tiède pour la rafraîchir. Elle ôta de nouveau sa veste.

– Désirez-vous que je vous fasse visiter le club ? proposa poliment Ellis.

– Non, merci. Je me sens un peu lasse.

– C'est bien naturel. Nous allons rentrer directement.

De façon inattendue, Mlle Smith déclara :

– J'adorerais voir la piscine de près. Elle est si belle...

– Il n'y a pas d'eau dedans, fit observer Jane.

– Je voudrais juste voir comment elle est.

– Je préfère rentrer, mademoiselle Smith.

– Il y en a pour une minute, intervint Ellis d'une voix douce.

Consciente d'être ridicule, refusant même d'admettre que son entêtement lui était dicté par la peur, Jane insista :

– J'ai vraiment envie de rentrer directement, s'il vous plaît.

– Très bien, dit Mlle Smith d'un ton conciliant. Je la verrai une autre fois.

Jane, qui s'était attendue à davantage de résistance, lui lança un coup d'œil étonné. Juste à temps pour surprendre un échange de regards entre les deux femmes. Au lieu d'être soulagée, elle eut le sentiment déconcertant d'avoir eu la réaction que les autres espéraient. «Tu es paranoïaque», se dit-elle. Il lui fallait choisir : si la suggestion d'aller voir la piscine faisait partie d'un complot, le fait qu'elles y aient renoncé si facilement ne pouvait pas en faire partie aussi.

La plupart des voitures avaient maintenant quitté le parking. Elles passèrent à portée de voix de deux hommes qui jouaient au golf, puis un silence insolite enveloppa la campagne sans relief. Elle perçut alors la stridulation des criquets et, ça et là, quelques cris d'oiseaux impossibles à identifier. Tandis qu'elles approchaient du bout de l'allée, elle vit briller des chromes dans les buissons, de l'autre côté de la route, et elle se demanda pourquoi on avait garé une voiture à cet endroit.

Bien que refusant toujours d'admettre consciemment sa peur, elle se surprit à crisper les mains sur les bras de son fauteuil. Elle craignit que les autres ne s'en aperçoivent, mais elles discutaient jardinage comme deux vieilles amies. Jane se fit l'effet d'une malade âgée, vaguement sénile, que les personnes de son entourage excluaient de leurs conversations. Une voiture les dépassa, et Jane remarqua la vitesse à laquelle elle roulait. A cet endroit, la route était toute droite et l'auto devait faire au moins du cent à l'heure. Jane s'aperçut que les deux femmes, au lieu d'emprunter le bas-côté, marchaient très près du macadam. Tournant nerveusement la tête pour voir si l'autre voiture était toujours dans les buissons, elle fut distraite par la vue d'une silhouette féminine qui descendait l'allée du club.

– Je crois que nous devrions nous ranger davantage, dit-elle.

– Comment ?

– Nous mordons trop sur la route.

– C'est difficile de pousser le fauteuil sur ce sol friable, expliqua patiemment Mlle Smith avant de reprendre sa discussion.

Jane tourna de nouveau la tête en entendant arriver

une autre voiture. Mlle Smith et Ellis Hamden n'y accordèrent aucune attention. La voiture approchait à une allure vertigineuse, dans un rugissement de moteur, et elle les dépassa comme un bolide. Voyant que ses articulations étaient blêmes, Jane ouvrit les mains. «Je dois me tenir prête à sauter», se dit-elle. Aussitôt après, elle rectifia : «Mais non, je suis paranoïaque.»

L'inconnue de l'allée traversait à présent la route. De loin, Jane la vit se diriger vers la voiture cachée dans les buissons. Elle portait une robe en coton, un cardigan et un foulard sur les cheveux. Sans doute une golfeuse qui, ne sachant pas quand elle aurait terminé sa partie, s'était garée de l'autre côté de la route pour ne pas risquer d'être coincée par les autos des participantes au déjeuner. Jane était si occupée à chercher une explication à la présence de l'inconnue qu'elle n'entendit pas le ronronnement lointain d'une nouvelle voiture. La femme au foulard s'installa au volant de son véhicule, mit le moteur en marche et attendit que l'autre voiture fût passée.

Celle-ci arrivait à toute allure, remarqua Jane – un brin trop tard. Soudain, Mlle Smith poussa une exclamation, comme si elle avait trébuché, et le fauteuil roulant fila vers le milieu de la route, en plein sur le chemin de la voiture qui approchait. Malgré ses soupçons, Jane fut totalement prise de court. Au lieu de sauter comme elle l'avait prévu, elle ne put que hurler et se cramponner aux bras du fauteuil.

Elle entendit le fracas assourdissant, attendit le choc mais ne sentit rien. Ballottée dans tous les sens, elle traversa la route en dérapant. Complètement abasourdie, elle se retourna et vit une scène incompréhensible. La voiture qu'elle avait vue dans les buissons était démolie ; ce n'était plus qu'un tas de ferraille. Pensant alors à l'inconnue, Jane se remit à crier.

L'autre voiture – celle qui avait foncé sur elle – était immobilisée en travers de la route, l'aile gauche enfoncée. Mais le moteur n'était apparemment pas endommagé car, sous les yeux de Jane, la voiture redémarra et disparut. Jane eut tout juste le temps de noter que le conducteur était blond.

Elle était en état de choc. Elle ne comprenait pas ce

qui s'était passé. Totalement désorientée, elle aperçut la femme au foulard qui se relevait en époussetant sa jupe de golf couverte de poussière et qui s'approchait d'elle, très calme.

– Tu n'as rien ?

Jane faillit s'évanouir.

– Gladys ! Gladys, comment... que...

– Penche la tête en avant.

– Je... c'est... ça va. Qu'est-il arrivé ?

Les deux autres femmes parlaient en même temps :

– Je ne comprends pas ce qui s'est passé. J'ai trébuché sur une pierre et le fauteuil a dérapé...

– Quelle chance que Mlle Valentine se soit trouvée dans les buissons ! Et quelle présence d'esprit !

– Vous ne pouvez pas savoir combien je suis navrée. Le fauteuil m'a tout bonnement échappé...

– N'y pensez plus. Vous n'y êtes pour rien. D'ailleurs, tout s'est bien terminé. Mademoiselle Valentine, je tiens à vous féliciter pour votre rapi...

– Qu'est-il arrivé ? répéta Jane, hébétée.

Son regard allait de l'une à l'autre. Mlle Smith était écarlate et agitée, mais Ellis Hamden expliqua avec calme :

– Votre infirmière a trébuché sur une pierre. Heureusement, Mlle Valentine, qui montait dans sa voiture à ce moment-là, a vu approcher ce dangereux chauffard. Elle a démarré, a sauté de son siège, puis a expédié sa voiture en travers de la route, juste devant l'autre véhicule, pour éviter que vous ne soyez fauchée. Remarquable réflexe !

Enthousiaste, elle se tourna vers Gladys :

– Par quel heureux hasard étiez-vous dans les buissons, mademoiselle Valentine ?

Jane sentit monter en elle un fou rire hystérique, mais la voix neutre de Gladys calma son hilarité :

– Il faut appeler la police et faire venir une dépanneuse. Nous devrons aussi donner une description de la...

– Oh, avez-vous relevé le numéro d'immatriculation ? demanda Ellis. J'étais malheureusement trop chamboulée pour y penser.

– Non, répondit Gladys. J'étais assise par terre au moment de la collision.

– C'est dommage, dit Mlle Smith. Je ne l'ai pas noté non plus.

– Comment se fait-il que vous soyez ici ? insista Ellis.

Gladys la dévisagea longuement, le regard dur.

– J'ai appelé les Berquist ce matin et la bonne m'a dit où était Jane.

– Vous avez appelé chez eux ? C'est gentil, mais... je veux dire... vous ne travaillez donc pas ? Enfin... vous êtes *venue* ici ? De la ville ?

D'une voix lente, Gladys répondit :

– Je voulais avoir des nouvelles de Jane... voilà pourquoi j'ai téléphoné. Il se trouve que je suis en vacances. Voilà pourquoi je n'étais pas à mon travail. Et je n'ai jamais dit que j'habitais en ville.

– Où habitez-vous ?

De nouveau, Gladys la dévisagea longuement.

– Il me semble que nous perdons un temps précieux avec l'histoire de ma vie, madame Hamden. Rendez grâce à votre bonne étoile de mon intervention et restons-en là, voulez-vous ?

Il y eut un bref silence, puis Ellis répondit :

– Bien sûr. Nous vous sommes infiniment reconnaissantes.

D'une voix essoufflée qui contrastait avec sa massive silhouette, Mlle Smith renchérit :

– Oh ! oui. S'il était arrivé quelque chose à Mlle Wallcutt, je ne me le serais jamais pardonné.

Des voitures commençaient à s'arrêter. Des têtes jaillirent par les vitres et des questions fusèrent de partout. Gladys envoya l'un des automobilistes prévenir la police et ramener une dépanneuse.

– A présent, dit vivement Ellis, nous ferions mieux de mettre Mlle Wallcutt au lit. Il ne faudrait pas qu'elle subisse le contrecoup...

– Gladys me ramènera, dit Jane.

Sa voix était sèche, dépourvue d'émotion. Tout danger de rire hystérique était passé.

– Nous ne devons pas nous imposer, dit Mlle Smith. Mlle Valentine a sans doute d'autres projets pour ses vacances...

– Je n'ai plus de voiture, fit observer Gladys d'un

ton sec.

A présent, une véritable petite foule s'était rassemblée autour d'elles. Soudain, la sirène d'une voiture de police retentit au loin. Quelques instants plus tard, deux policiers en uniforme interrogeaient Gladys, qui leur suggéra de ramener Jane à la maison, où ils pourraient parler plus à loisir. L'un des policiers installa Jane dans la voiture de patrouille, et la jeune femme insista pour que Gladys l'accompagne. L'infirmière et Ellis rentrèrent à pied en poussant le fauteuil roulant.

Les heures suivantes restèrent gravées dans l'esprit de Jane comme un invraisemblable imbroglio. Bien qu'elle fût dans un état quasiment second, elle s'exprima avec une cohérence suffisante pour que nul ne soupçonnât sa confusion mentale. Elle avait une impression de pagaille inouïe : questions, réponses, inconnus qui allaient et venaient, Mme Berquist qui s'empressait avec sollicitude, téléphones qui sonnaient, uniformes qui passaient devant elle – le tout se figeant pour former un large globe transparent qu'elle pouvait observer en restant à l'écart. Curieusement, elle n'avait pas conscience d'être fatiguée.

A un moment donné, Mlle Smith voulut l'emmener se coucher.

– Non, dit Jane sans hausser le ton.

Quelque chose dans sa voix retint l'attention de l'infirmière. Pour une fois, il s'en dégageait une incontestable autorité.

– Voyons, mademoiselle Wallcutt, vous êtes à bout. Je vais vous donner quelque chose pour vous calmer les nerfs...

– Vous êtes virée.

– Je... que... que dites-vous ?

– Virée. Renvoyée. Congédiée.

– Allons, mademoiselle Wallcutt..., intervint Ellis Hamden. Vous n'êtes pas dans votre état normal, c'est bien naturel. Mais ne rendez pas Mlle Smith responsable de cet accident. Elle ne pouvait rien faire pour l'éviter. J'ai vu exactement ce qui s'est passé, et je puis vous assurer que ce n'était pas de sa faute...

– Veuillez vous en aller, madame Hamden.

Avait-elle vraiment dit cela ? L'étroit visage de

fouine, encadré de cheveux noirs retenus par une résille, flotta un moment devant ses yeux avant de s'éloigner et de se perdre dans la foule.

– Comment vous débrouillerez-vous ? objecta Mlle Smith. Ce n'est pas facile de trouver une infirmière du jour au lendemain. Vous serez une charge pour Mme Berquist...

Gladys, seul repère immobile dans ce tumulte mouvant, dit alors :

– Je donnerai un coup de main.

– Mais votre travail...

– Vous oubliez que je suis en vacances.

– Vous ne pouvez pas me renvoyer ainsi sans préavis...

– Je vous donnerai un mois de salaire.

Puis Mlle Smith fut submergée à son tour, engloutie par les vagues de gens qui passaient.

Dans son état semi-somnambulique, Jane prit une décision. Elle allait disparaître quelque temps, dans un endroit où nul ne pourrait la trouver. Sourde aux instances de Mme Berquist, elle pria Gladys de louer une voiture et de la reconduire à la clinique. Là, elle ferait ses valises, passerait la nuit à l'annexe et, dès le lendemain matin, partirait avec Gladys, la seule personne en qui elle eût totalement confiance. Par la suite, elle engagerait une infirmière-dame de compagnie, une parfaite inconnue.

– Et Austin ?

La voix qui avait émergé du brouhaha lui causa un élancement de douleur. *Et Austin ?* Elle ne pouvait répondre à cette question. S'il... (mais elle ne pouvait utiliser le premier mot qui lui vint à l'esprit)... s'il *tenait* à elle, il attendrait qu'elle retrouve la mémoire. D'ici là, elle devait couper les ponts avec tout le monde : lui, sa famille, Mlle Smith et Mme Hamden, son tuteur, les Dickinson... tous ceux qu'elle connaissait.

22

Elle cherchait une chose bien précise. C'était désespérément important qu'elle la trouvât mais, pour quelque raison, elle avait perdu le fil de ses idées. Elle ne savait plus où elle en était ; alors, au lieu de poursuivre sa quête, elle s'était installée dans la confusion, croyant à tort que c'était la paix. Sa négligence était d'autant plus grave que, si elle ne trouvait pas immédiatement ce qu'elle cherchait – quoi que ce fût –, il serait trop tard. Peut-être était-il déjà trop tard. Elle savait qu'il était arrivé quelque chose de terrible à son cerveau, mais elle ignorait quoi.

Une étrange vision avait envahi son univers nébuleux : une créature qui, telle une amibe, ne cessait de se fractionner et de se reconstituer. Un peu comme des frères siamois, dissociés l'un de l'autre mais refusant de rester désunis. N'avait-elle pas lu quelque part que, si on séparait des siamois, l'un des deux était condamné à mourir ?

Que s'était-il passé ? Combien de temps s'était-il écoulé ? Des années, ou juste quelques heures ? Etait-ce seulement aujourd'hui qu'elle était rentrée de chez les Berquist ?

Elle devait se dépêcher, arriver là-bas avant qu'il ne fût trop tard. Arriver où ? Trop tard pour quoi ? Peut-être n'était-ce qu'un rêve. Cela lui arrivait si souvent de ne pas pouvoir déterminer si elle rêvait ou si elle se souvenait. Les fils s'entrelaçaient, formant un vague motif ; mais, pour l'instant, elle ne distinguait que les composantes individuelles, pas l'ensemble.

Quelle était cette odeur ?

Elle en avait senti une semblable, voilà bien longtemps. Cette pensée l'effraya, car une impression d'horreur y était attachée. Elle devait refouler cette pensée, l'ignorer, comme si elle rabattait une trappe par-dessus pour la contenir – pendant que, en dessous, un monstre sinueux se contorsionnait, augmentait de volume, pesait sur la trappe afin de jaillir à l'air libre.

Un jour, quand elle était petite, son père l'avait fait sauter sur ses genoux... non, comment pouvait-elle s'en souvenir ? Il était mort lorsqu'elle avait seulement quelques mois. Il devait s'agir d'un autre homme. Toujours est-il qu'elle était tombée du divan et s'était cogné la tête. Pendant un bon moment, elle était restée inconsciente. Sa mère avait cru qu'elle faisait la sieste mais, en réalité, elle était dans le coma. Quand elle avait repris connaissance, elle avait été incapable de se rappeler ce qui s'était passé ce matin-là.

En l'occurrence, c'était la même chose. A une différence près : au lieu d'une matinée, elle avait perdu un...

Son cerveau était envahi de toiles d'araignées, encombré d'anecdotes sans intérêt. Elle entendait un criquet striduler derrière la fenêtre. Cela signifiait, oui, qu'elle était bien à la clinique. Elle partirait demain. Gladys était dans la pièce voisine ; dès le lever du jour, elles feraient leurs valises et s'installeraient à l'hôtel sous de faux noms, dans un endroit où le Mal ne pourrait pas les suivre.

A supposer que le Mal ne fût pas dans son esprit.

Elle avait l'impression de marcher à travers des brumes ondoyantes qui, par moments, lui laissaient furtivement entrevoir les contours d'un tableau. C'était frustrant.

Mais quelle était donc cette odeur ?

Elle voulut se lever pour en avoir le cœur net, mais elle se souvint qu'elle ne pouvait pas marcher. Il n'y avait pas de place dans le monde pour les faibles, les handicapés, les malades. «Seuls survivent les plus aptes» : cette phrase, apprise à l'école, émergeait du brouillard... apparemment, le voile commençait à se dissiper. En tout cas, la phrase était inexacte. La survie n'était plus une question d'aptitude. La civilisation subvenait aux besoins des malades, des vieillards, des enfants abandonnés...

Assieds-toi sur la trappe. Ne laisse pas la pensée s'échapper.

Qu'il faisait donc noir ! Elle ne distinguait même pas les contours de la fenêtre. Si seulement elle pouvait se lever pour ouvrir les rideaux... Elle avait l'impression d'être enterrée vivante.

Les souvenirs affluaient et refluaient, comme si elle était sous l'eau. Tout changeait de forme, fusionnait, s'altérait, ondoyait, devenait informe ou prenait une consistance bizarre, indéfinissable. Autre relique du passé : elle marchait dans la nuit, en été... ils faisaient du camping et elle avait quitté la tente pour aller aux cabinets extérieurs. Mais il n'y avait ni lune ni étoiles et elle s'était perdue. Trébuchant dans l'obscurité, incapable de retrouver son chemin, elle s'était mise à courir dans tous les sens, affolée, tournant désespérément en rond...

L'odeur, tel un parfum maléfique, devenait maintenant plus forte. Elle avait la gorge serrée et respirait avec difficulté.

Dans sa demi-inconscience, elle entendit un bruit bizarre. Un craquement sec. Comme une branche qui se casse. Le son recommença, bientôt suivi d'un bruissement chuchotant mais bien distinct, semblable au crépitement de la pluie sur des feuilles mortes. Elle aurait bien voulu que cela s'arrête. Elle était si lasse... Elle avait envie de se rendormir, de plonger dans les entrailles des ténèbres.

Le bruissement continua, puis se mit à alterner avec un incompréhensible bruit de succion. Suivit un grésillement régulier... Et, soudain, elle cessa d'être aveugle : une lueur était visible au ras du plancher.

La lueur tremblota un instant, vacillante, puis fusa.

Comme dans un rêve qui semble durer des années mais, en réalité, traverse l'esprit en un éclair au moment du réveil, les brumes, les souvenirs et la somnolence explosèrent en fragments. Son cri résonna dans toute l'annexe :

– Au feu ! Gladys ! Réveillez-vous ! Au feu !

Pourquoi avait-elle mis si longtemps à réagir ? Pourquoi avait-elle ignoré le témoignage de ses sens jusqu'à ce qu'il fût trop... non, il n'était pas trop tard. Elle n'allait pas mourir ainsi.

Elle se remit à crier en se démenant sur le lit. La chambre se remplissait de fumée, sa gorge la brûlait. Le bruissement avait fait place à un crépitement déchaîné qui provenait de partout en même temps. Elle ne pouvait pas rester couchée là, impuissante, à attendre de rôtir. Il lui fallait sortir du lit, se traîner...

La porte donnant sur le couloir flambait ; dans un instant, le tapis s'enflammerait à son tour. Elle s'était trouvée dans une situation analogue, voici bien longtemps... elle ne savait plus où ni quand... à l'époque, déjà, elle n'avait pas réagi assez rapidement, et à cause de cela, à cause de cela...

Elle tendit frénétiquement les bras, renversant la lampe de chevet. Cramponnée à la table, elle se rapprocha du bord du lit et tomba par terre, draps et couvertures emmêlés autour d'elle. Une douleur fulgurante la poignarda dans le dos, mais la terreur l'oblitéra aussitôt. Le tapis avait pris feu. Elle n'y arriverait pas. Elle allait de nouveau échouer et, cette fois...

Elle était debout. Elle courait.

La porte-fenêtre était fermée à clef. Derrière elle, la chambre tout entière était la proie des flammes ; les bras ardents se tendirent vers elle pour lui caresser la joue. Affolée, elle écarta les rideaux et, faisant volte-face, avisa la lampe par terre. La gorge brûlante comme une fournaise, elle ramassa le pied en cuivre, enfouit son visage dans son épaule et brisa la vitre. Les éclats de verre volèrent de tous côtés et, sous l'effet du brusque appel d'air, les flammes redoublèrent de violence.

D'un pas titubant, elle sortit sur la pelouse et faillit tomber. Se tournant vers le brasier torride, elle aperçut une silhouette à travers le flamboyant rideau orange qui crépitait rageusement.

Des cheveux rouges, un peignoir vert, un corps qui gisait dans la chambre voisine, bras et jambes écartés. Le rouge n'était pas la couleur des cheveux. C'était la couleur du sang.

Elle avait encore la lampe à la main ; alors, avec

sauvagerie, elle se mit à marteler la porte-fenêtre de la chambre de Gladys. Lorsque la vitre céda, elle fut presque projetée en arrière par le souffle brûlant. Mais, avec une force dont elle ne se serait pas cru capable, elle saisit le corps et le tira jusqu'à la porte, où elle dut le hisser par-dessus la traverse en bois. La chaleur était tellement intolérable qu'elle faillit lâcher prise et s'enfuir ; mais, après une dernière traction, elle se retrouva à l'air libre et s'effondra dans l'herbe avec son fardeau.

Elle vit confusément le bâtiment tout entier se transformer en véritable torche. Debout non loin de là, une silhouette en chemise de nuit blanche observait le spectacle en dodelinant stupidement de la tête. De la maison principale lui parvinrent des cris, des pas précipités... Puis tout s'arrêta. Il n'y eut plus que les ténèbres.

23

Le soleil était brûlant. Pendant qu'elle somnolait, il s'était déplacé de sa poitrine à ses jambes ; elle en déduisit que l'après-midi tirait à sa fin. On avait disposé dans un vase, sur sa table de chevet, des iris jaunes et des œillets blancs dont le parfum embaumait toute la chambre. Dehors, l'arbre était hérissé de minuscules bourgeons verts, mais il y en avait d'autres, rouge sang, écrasés sur le sol. Elle entendit le gargouillis d'un tuyau d'arrosage.

– Comment aurais-je pu savoir ? disait l'homme en veste de sport et pantalon de toile. Avouez que ça paraissait invraisemblable.

Au début, elle s'était bornée à l'écouter en hochant la tête, mais elle était de plus en plus perdue. Elle n'avait aucune idée de ce qui le tourmentait. Naturellement, elle savait qu'elle avait été victime d'une catastrophe, mais elle ne voyait pas en quoi il y était mêlé. Elle avait du mal à réfléchir. Parfois, la nuit, elle se réveillait en sueur : elle entendait encore les hurlements, le craquement des poutres, le crépitement des flammes... mais ce n'était qu'un cauchemar, n'est-ce pas ?

– Des voix nocturnes, une balle de pistolet, des tueurs en Cadillac... Qui aurait pu y croire ? Ça me fait penser... j'ai une mauvaise nouvelle pour vous. Le corps découvert en Virginie a été identifié : c'était bien celui de Zee.

Mais de quoi parlait-il donc ? Avant, George disait toujours que, si on ne comprenait pas quelque chose, il fallait se taire et écouter : c'était le seul moyen d'apprendre... Pourquoi «avant» ? Sans doute le disait-il encore maintenant. Seigneur, en voilà *un* dont elle était bien contente d'être débarrassée !

– Heureusement pour vous qu'Austin était là. Je n'arrive pas à imaginer ce qui l'a incité à vous croire, mais il a été suffisamment convaincu pour engager une femme détective privé. Saviez-vous que Gladys était détective ? Elle avait loué le pavillon du gardien, de l'autre côté de la route, afin de pouvoir vous surveiller sans éveiller les soupçons. Ils ne m'en avaient même pas parlé ! Pour ma part, je ne vois toujours pas pourquoi on voulait vous tuer. Peut-être pourrez-vous éclaircir ce point avec la police, quand vous aurez repris des forces.

Cet homme était-il fou, ou était-ce elle qui avait perdu toute notion des choses ?

– Pour Mlle Smith aussi, reprit-il, vous aviez raison. D'après Austin, c'est probablement une certaine Mme Hamden qui l'avait recommandée ; mais, là encore, nous ignorons ce qu'elle avait contre vous. Donc, ces gens-là ont assommé Gladys, mais ils n'ont pas pris la peine de s'occuper de vous. Ils étaient persuadés que vous ne pouviez pas marcher... et ils avaient sans doute aussi une vengeance personnelle à assouvir : ils voulaient que vous sachiez ce qui vous arrivait.

– Hamden, dites-vous ? Ellis Hamden ?

De tout ce qu'il racontait, c'était la seule chose qui eût une signification pour elle.

– Oui. Nous ne savons pas qui a mis le feu à l'annexe, mais Gladys a déclaré à la police que, sans l'ombre d'un doute, Mme Hamden et Mlle Smith avaient délibérément poussé votre fau...

– Elle était avec eux. Je les ai entendus, l'autre soir. J'étais derrière la porte...

– Quelle porte ? Attendez. Si vous vous rappelez quelque chose, je ferais mieux d'aller chercher la police...

Elle se mit sur son séant.

– La police ? Elle est ici ?

– Certainement. Elle vous garde jour et nuit.

De l'autre côté de la porte, une voix bourrue glapit :

– Interdiction d'entrer.

– Je voudrais remettre à Mlle Wallcutt un ouvrage sur les oiseaux, dit une femme qui s'exprimait avec distinction.

Une autre femme déclara, d'une voix indéniablement bizarre :

– Mon frère a envoyé un livre à moi. Tout brûlé. Mon bracelet, ma lettre. Grand feu. Mon frère, il envoie des tas de choses à moi.

– Hé, vous ! le jardinier, lança la voix bourrue. Débarrassez-moi de ces phénomènes.

Le médecin se leva et alla ouvrir la porte.

– Je vais prendre le livre, Marlene, dit-il.

Revenant vers le lit, il tendit à la jeune femme un livre de poche avec la photo d'un cormoran sur la couverture. Elle le regarda, interloquée.

– Pensez-vous être en état de vous entretenir avec la police ? reprit-il. Evidemment, cela simplifierait beaucoup les choses si vous retrouviez la mémoire. Remarquez, je ne veux pas vous bousculer. Je suis sûr que, avec le temps...

Le temps. Elle avait consommé le temps comme si elle en avait une infinie quantité à sa disposition. Seulement voilà : le sablier se vidait. Elle avait quelque chose à faire, mais elle n'avait aucune idée de ce que c'était. La réponse se profila aux confins de son esprit mais détala à son approche, comme un animal effarouché. Et, pendant ce temps-là, les grains de sable continuaient à se déverser...

– Je suppose, dit-il, que le fait d'avoir traversé par deux fois une épreuve aussi horrible va retarder vos progrès. Austin m'a dit que le seul fait de prendre sur vos genoux le fils de sa sœur vous avait causé un choc...

Du coin de son esprit, elle vit de nouveau pointer la réponse, elle la sentit bouger, s'aventurer peu à peu hors de sa cachette. Si elle faisait attention, si elle y allait lentement, cette fois, sa proie ne détalerait pas dans son subconscient. Posément, prudemment, elle fit un effort de concentration... et la réponse apparut dans la clairière, tel le cerf palpitant enfin traqué par la meute.

Elle se redressa, le visage si pâle que, d'instinct, le docteur se leva.

– Où est Dudley ? murmura-t-elle.

– Qui ?

L'imbécile... toujours là à jacasser pour ne rien dire !

– Dudley !

– Qui est Dudley ?

Qu'il avait donc l'air stupide, bouche bée, les yeux écarquillés !

Elle pressa les mains contre sa tête pour y garder emprisonnée sa proie papillonnante. «Ne jamais faire d'histoires» : le précepte le plus important de sa vie.

– On ne l'a pas transporté ici, lui aussi ?

– Il n'y a pas de Dudley ici.

– N'est-on pas dans un hôpital ? Je veux dire... évidemment, ça n'y ressemble guère...

Elle s'interrompit en voyant l'expression de l'inconnu. Une révélation semblait se faire jour dans son esprit. Lentement, il exhala un long soupir épuisé, désespéré. Il sortit de sa poche un mouchoir, qu'il passa sur la paume de sa main.

– Vous êtes dans une clinique, dit-il avec circonspection.

– Réservée aux femmes ?

– Que se passe-t-il, Jane ?

– Jane ? Qui est Jane ?

Il fit mine de se lever mais retomba lourdement sur sa chaise. Cachant son visage dans ses mains, il transforma en toux le gémissement qui avait failli lui échapper. Au bout d'un moment, il se mit debout et alla ouvrir la porte. Il sortit dans le couloir, puis, se ravisant, revint près du lit. Comme s'il s'adressait à une troisième personne, il murmura :

– Je suis dépassé, je l'avoue. Complètement dépassé.

– S'il vous plaît, je n'y tiens plus. Il faut que je sache... *Où est Dudley* ?

– Jane, est-ce que vous me reconnaissez ?

– Je voudrais bien que vous cessiez... Non, je regrette, mais je ne vous connais pas.

– Dr Stires... ce nom ne vous dit rien ? Cette clinique... vous êtes maintenant dans le bâtiment principal. Le reconnaissez-vous ?

– Oh ! mon Dieu...

Joignant les mains en un geste de prière, elle remua les lèvres sans bruit. Soudain, comme si elle venait d'apercevoir un spectacle insoutenable, elle se couvrit les yeux. Elle plaqua les mains sur ses oreilles, secoua frénétiquement la tête sur l'oreiller.

Alarmé, il s'approcha :

– Qu'y a-t-il ? Avez-vous mal ?

Comme elle ne répondait pas, il alla ouvrir la porte et cria :

– Gillian ! Gillian ! Apportez-moi ma trousse... Un instant !...

Désorienté, il jeta un coup d'œil vers la malade, appela le policier et sortit comme une flèche. Le policier s'arrêta sur le seuil et regarda la femme, l'air impuissant. Elle se tordait sur le lit, les traits convulsés, comme si elle était enfermée dans quelque enfer inaccessible.

– Oh, c'était si... des choses pareilles ne devraient pas exister... je n'aurais jamais cru... Ô Seigneur, faites que j'oublie, faites que j'oublie ! C'est impossible qu'il y ait un Dieu. Il ne permettrait pas...

Le médecin était de retour. Il s'assit sur le lit et voulut lui immobiliser les mains, mais elle se dégagea violemment.

– Je vous donnerai un calmant dans une minute, dit-il. Que voulez-vous oublier ? Oublier quoi ?

– Ces gens... ces enfants qui crient...

– Oui, dit-il doucement. Racontez-moi.

– Le théâtre... c'était atroce. Vous ne pouvez pas imaginer. Personne ne peut imaginer...

– Vous vous souvenez du théâtre ?

– Je voudrais tant ne pas m'en souvenir. Je voudrais tant pouvoir oublier. Je voudrais être morte. Le rideau... une jambe qui émergeait... qui remuait. J'ai entendu quelqu'un... oh, si seulement j'étais morte !

– Vous vous sentirez mieux dans une minute, dit-il en se passant une main sur le visage. Dès que Gillian m'apportera...

– Dudley ! (Sa voix s'enfla.) Dudley !

– Vous ne pouvez rien faire ? s'enquit le policier.

– Allez dire à cette femme de se dépêcher.

– Je ne peux pas. Je ne suis pas autorisé à quitter mon poste.

– Dudley ! (Sa voix était presque un cri.) Dites-moi, où est-il ? Pourquoi ne voulez-vous pas me le dire ?

– Je voudrais bien le pouvoir, répondit-il, désemparé. Tenez bon, ça ira mieux dans une minute.

– Vous me cachez quelque chose. Il faut que je sache. Il était avec moi. Comment avez-vous pu m'en sortir, *moi*, et pas *lui* ? Répondez-moi ! Je ne veux pas continuer à vivre si...

– Il va sans doute très bien, balbutia-t-il. Naturellement, nous ne savons pas encore les noms de tous les survivants. Mais je suis sûr qu'il est sain et sauf.

– Où peut-il bien être ? Il faut se renseigner... téléphoner aux hôpitaux... il faut que je sache...

– Qu'est-ce qui se passe ?

C'était Kirk. Debout sur le seuil, il essayait de voir la jeune femme qui se trémoussait sur le lit.

– Allez dire à Gillian de se dépêcher, Kirk ! haleta le docteur. Vite !

Kirk se mordit les lèvres d'un air indécis. Finalement, il tourna les talons et partit en courant.

– Calmez-vous, Jane.

Le médecin sentait sous ses mains la pression qui montait en elle. On eût dit un récipient rempli de vapeur, prêt à exploser à tout moment.

– Lâchez-moi ! Laissez-moi me lever !

– Restez allongée. Vous vous sentirez mieux dans une minute.

– Je ne veux pas me sentir mieux. Il n'y a plus de temps à perdre. J'ai tant de choses à faire... Dudley... ça doit faire des heures... les hôpitaux... et puis le F.B.I. Je dois leur dire...

A moins de l'assommer, il n'y avait pas moyen de la faire rester tranquille. Le médecin s'humecta les lèvres et recula d'un pas. La jeune femme se mit sur son séant et balança ses jambes hors du lit. Elle se mit debout avec précaution, saisie de vertige, et prit appui sur la table. Le docteur était incapable de bouger, incapable de l'aider. Le visage déformé par la douleur, elle parvint à traverser la pièce.

– Il faut que je m'habille, dit-elle avec fébrilité. Seigneur, que j'ai mal au dos ! J'ai dû me donner un tour de reins quand le balcon... Y a-t-il un téléphone ?

Arrivée devant la penderie, elle ouvrit la porte et fronça les sourcils d'un air contrarié.

– Ce ne sont pas mes vêtements, dit-elle. Où sont les miens ?

Embarrassé, ne sachant que répondre, il hasarda :

– Ils ont brûlé dans l'incendie. Vous vous rappelez...

– Ceux que j'avais sur moi, d'accord... mais ma mère m'en a certainement apporté d'autres ?

Marmonnant tout bas, elle examina le déshabillé qu'elle portait. Puis son regard se posa sur le miroir accroché au-dessus de la commode.

Elle se pencha en avant, plissant les yeux comme une myope. La glace était piquetée, dépolie. Au début, elle eut du mal à distinguer son reflet, mais elle finit par y arriver.

Alors elle poussa un cri.

24

– Mais ce n'est pas moi ! sanglota-t-elle. Ce n'est pas moi. Que m'arrive-t-il ? Oh, mon Dieu... que m'arrive-t-il ?

Il dut la ramener de force vers le lit et l'y maintenir pour l'empêcher de se lacérer le visage. Elle se débattit en sanglotant, acharnée à se libérer.

– Ce n'est pas possible, je perds la tête. Suis-je folle ? Suis-je dans un asile de fous ? Où est Dudley ?

– Restez allongée, haleta le médecin. Si vous ne vous calmez pas, je vais être obligé de vous assommer. Votre vie a déjà été suffisamment amputée, vous ne croyez pas ?

– Je ne comprends pas de quoi vous parlez. Que m'arrive-t-il ? Où... ?

– Hé ! vous, dehors... est-ce que Gillian arrive ?

– Je ne vois personne, répondit le policier.

– Mais qu'est-ce qu'elle fiche, bon sang ?

– Mon visage... comment a-t-il... je vous en prie, expliquez-moi ce qui se passe.

– Ne vous excitez pas. Calmez-vous. Je ne peux pas vous parler si vous ne vous calmez pas, Jane.

– Cessez de m'appeler Jane !

C'était un cri. Comme honteuse de son éclat, elle ajouta d'une voix plus posée :

– Je m'appelle Reid. Reid Harris.

– Qui... que... que dites-vous ?

– Dieu du ciel, mais qu'est-ce que vous avez donc ? Quel est cet endroit ? Où suis-je ? Où est Dudley ?

– R-Reid Harris ?

– Ils ne savaient donc pas mon nom ? Je devais pourtant avoir mon sac à main... une pièce d'identité... Depuis combien de temps suis-je ici ?

Il hésita, les yeux vitreux, le visage marbré. Il la regarda d'un air horrifié, comme si, sous ses yeux, elle se métamorphosait de Jekyll en Hyde.

– Ecoutez, dit-il avec désespoir, tâchez de rester calme. Cela nous fera gagner du temps. Vous voulez retrouver, euh... Dudley, n'est-ce pas ? Alors, racontez-moi tout. Non, attendez... j'ai d'abord des coups de fil à donner... Vous, dehors, surveillez-la deux minutes.

Il se précipita dans le couloir et le policier entra dans la chambre. Apparemment gêné de regarder la jeune femme, il s'absorba dans la contemplation du plafond. Elle se trémoussa sur le lit, en s'efforçant de ne pas gémir. Soudain, elle remarqua à quel point le soleil avait décliné ; cela lui rappela ce qu'avait dit le médecin à propos de «gagner du temps». Entendant un grognement insolite en provenance de la porte, elle rouvrit les yeux. Une étrange créature se tenait sur le seuil.

– Qu'est-ce que c'est que ça ? demanda-t-elle, alarmée.

– Quoi donc ? Oh, elle ? C'est une des malades... On l'appelle Bonnie.

Elle ne put réprimer plus longtemps son gémissement.

– Bonnie ! Certaines mères prennent de bien grands risques quand elles choisissent le prénom de leurs enfants.

– C'est une sacrée chance que vous ayez pu vous lever et marcher, dit le policier, histoire de dire quelque chose.

Elle le regarda, ahurie.

– Je marche depuis l'âge de dix mois. Du moins, c'est ce que ma mère m'a toujours dit. Au fait, où est ma mère ? Pourquoi n'est-elle pas là ? Dudley est peut-être avec elle. Pourquoi fait-il si chaud ? Et ces bourgeons... c'est impossible ! Des bourgeons en novembre ! A moins que... serions-nous dans le Sud ?

Le policier se remit à observer le plafond. Fermant les paupières, elle se désintéressa de ce qui l'entourait. Les profonds cernes qui creusaient ses yeux la faisaient paraître usée – non par l'expérience, mais par des siècles de malheurs stratifiés au fil des âges, comme si elle se rappelait le temps où ses ancêtres vivaient dans des cavernes, blottis les uns contre les autres à la lueur du feu, tandis que le vent et les bêtes sauvages hurlaient dans les ténèbres extérieures.

Le médecin revint, hors d'haleine.

– Ils ne vont pas tarder à arriver. Mais nous pourrions peut-être gagner du temps... Dites-moi ce dont vous vous souvenez.

– Pourquoi répétez-vous sans cesse la même chose ? Retrouvez-moi Dudley, c'est tout ce que je demande.

– Il nous sera plus facile de le retrouver si vous voulez bien vous expliquer.

– Que voulez-vous que je vous explique ?

– Tout et le reste. Qui vous êtes... ce qui est arrivé...

– Je ne comprends pas. Ce qui vous intéresse, ce n'est pas le complot, c'est de savoir qui je suis...

– Quel complot ?

– C'était ça qui me tourmentait. Je n'arrivais pas à me concentrer sur la pièce. N'ayant pas pu avoir de places pour la représentation de la matinée, j'ai pris des billets pour le soir... (Elle chassa de son visage un invisible insecte.) Je ne voulais pas qu'il rate le spectacle, il s'en faisait une telle joie à l'avance. Si j'étais allée les trouver dans l'après-midi, ils m'auraient gardée pendant des heures – peut-être même des jours – pour me poser des questions. Ah ! si seulement nous n'y étions pas allés... si seulement...

– Ça suffit. Les regrets sont inutiles. Continuez plutôt votre histoire.

– C'était une pièce pour les enfants... non, pour les adultes aussi.

Elle s'interrompit, cherchant à saisir un souvenir ténu, mais celui-ci lui échappa.

– Ils riaient tant... j'ai manqué la moitié des répliques tellement les enfants riaient... Peut-être que ma mère sait où est Dud...

– Continuez.

– Soudain, j'ai senti l'odeur. Un odeur de fumée. Si seulement je l'avais pris à ce moment-là...

– Qui est Dudley ?

Sur le moment, elle ne réagit pas. Elle semblait fascinée par une fourmi qui grimpait sur le mur. Lorsqu'elle parla, sa voix était étouffée, comme si elle l'avait enveloppée dans un isolant.

– C'est mon petit garçon. Il... il a quatre ans.

Le médecin se pinça la lèvre supérieure entre le pouce et l'index, comme pour lui cacher l'expression de son visage. Puis, frottant son menton mal rasé, il leva la tête.

– Où... qui est votre mari ?

– Je n'ai pas de mari. Je suis divorcée. Ma mère m'avait bien mise en garde... elle m'avait bien dit de ne pas l'épouser. Appelez mon ma... mon ex-mari. C'est peut-être lui qui a Dudley. Il l'a peut-être réclamé...

– Comment s'appelle-t-il ?

– George Harris.

– La police se mettra en contact avec lui. Qu'est-ce qui vous tourmentait ? Pourquoi ne pouviez-vous pas vous concentrer sur la pièce ? Qui vouliez-vous alerter, et de quoi ?

– Je les avais entendus, la veille au soir. Ma mère m'avait bien mise en garde. Il recevait tout le temps au courrier des pamphlets, des tracts imprimés par des organisations marginales... Des groupuscules haineux. Seigneur, cette haine qu'ils avaient ! Je ne le supportais pas... Mais il y avait autre chose : après le divorce, il a refusé de me verser une pension alimentaire. J'avais besoin d'argent... pour Dudley. Je devais le mettre à l'école du quartier et... mais ça ne vous intéresse pas. Oh ! j'ai les idées si embrouillées. Je suis allée voir George pour lui demander de l'argent... (Son visage se crispa de douleur.) Appelez la police.

– Je vous ai dit...

– Non, pas la police... vous savez... les hommes du gouvernement...

– C'est précisément à eux que j'ai téléphoné. Continuez.

– J'ai entendu des voix à l'intérieur... des amis de

George. Si vous aviez surpris leur conversation, ça vous aurait fait rire. On aurait dit une plaisanterie. Comment croire...

Il se pencha en avant, les épaules voûtées, les mains jointes entre ses genoux.

– Oui ?

– Ils complotaient de tuer quelqu'un. J'ai eu peur. Je me faisais l'effet de la septième femme de Barbe-Bleue.

– Qui comptaient-ils assassiner ? Qui y avait-il dans la pièce ?

– Oh ! ma tête... pourquoi cette douleur... c'est comme le jour où papa m'a fait tomber du divan...

– Oui, vous êtes tombée. Dites-moi ce que vous avez entendu.

– Vous avez prononcé un nom, tout à l'heure. Ellis Hamden...

– Oui, dit-il d'un ton excité. Alors ?

– Elle était là. Il y avait aussi cet homme d'affaires, un ami de George. Il est P.-D.G. d'une grosse société. Et j'ai reconnu la voix d'un autre homme, que j'avais rencontré chez je ne sais plus qui... Un sénateur.

– Un sénateur !

Il pivota sur son siège pour lancer un coup d'œil au policier. Profitant de cet instant d'inattention, elle se redressa en criant :

– *Je veux voir Dudley ! Où est-il ?*

Prise de vertige, elle se mit à osciller. Il la rattrapa juste à temps pour l'empêcher de tomber du lit. Il la cala contre les oreillers et elle ferma les yeux. A cet instant, ils entendirent une voiture s'arrêter dans l'allée. Soulagé, le médecin bondit sur ses pieds.

– Gillian ! Elle rapporte...

Il s'interrompit en voyant trois hommes en costume trois pièces descendre en même temps de la voiture, chacun par une portière différente. Le policier alla à leur rencontre, et le docteur entendit l'un d'eux annoncer :

– Barr... F.B.I.

Lorsque les trois hommes entrèrent dans la chambre, il leur dit :

– Il y a eu erreur d'identité. Cette personne déclare s'appeler Reid Harris. Elle me racontait une conversation qu'elle a surprise entre un sénateur, le président d'une grosse société, une femme...

– Un instant, docteur. Nous ferions mieux d'entendre l'histoire de sa bouche.

– Il y a eu une bourde quelque part. On se croirait dans un cauchemar. Elle dit que son mari est...

– George Harris.

C'était le même homme qui venait de parler. Il prit une chaise et l'approcha du lit. Agé d'une quarantaine d'années, il avait un visage avenant et une voix apaisante.

– Madame Harris, je suis Martin Barr. F.B.I.

Elle ferma les paupières.

– Oh... j'aurais dû aller vous trouver le soir même.

– Oui, vous auriez dû.

– Mais je voulais que Dudley voie la pièce. S'il vous plaît... avez-vous lancé un avis de recherche ? Avez-vous des nouvelles...

– Nous faisons tout notre possible. Parlez-moi de cette conversation que vous avez entendue le soir qui a précédé l'incendie.

– Qu'est-ce qui me prouve que vous êtes bien du F.B.I. ? Comprenez-moi... il y a tant de gens en qui je croyais pouvoir avoir confiance...

Il sortit son portefeuille, l'ouvrit et le lui présenta. Elle le considéra d'un œil morne.

– N'importe qui peut se procurer de fausses cartes, dit-elle.

– Ecoutez, madame Harris, si je n'étais pas du F.B.I., comment serais-je au courant de la lettre que vous nous avez envoyée ? Vous l'avez mise à la poste le jour même où vous êtes allée au théâtre. Dans cette lettre, vous nous parliez d'une conversation que vous aviez entendue par hasard. Voyez-vous, madame Harris, nous pensions que vous étiez morte dans l'incendie. Nous avons interrogé votre ex-mari, mais il a nié être informé de cette conversation...

– Vous voyez, vous admettez vous-même avoir parlé de la lettre à mon ex-mari... N'importe qui peut donc savoir...

– Madame Harris, avez-vous confiance en la parole du docteur ? C'est lui qui nous a téléphoné de venir.

– Jane... enfin, Reid... ce sont bien des hommes du F.B.I. Je m'en porte garant.

Elle les considéra d'un air sceptique.

– Que se passera-t-il, ensuite ? Si mon ex-mari... si ses amis apprennent que je vous ai tout raconté, ils essaieront de me tuer. Ils risquent même de s'en prendre à Dudley...

– Je vous en prie, madame Harris, faites-nous confiance. Répétez-nous ce que vous avez entendu.

– Pourquoi le ferais-je ? Seigneur... vous n'avez même pas encore retrouvé Dudley ! S'il est... s'il n'est pas en état de parler, vous pourrez l'identifier grâce à la gourmette qu'il porte au poignet. Mon père me l'a offerte quand j'étais petite et je l'ai donnée à Dudley...

– Elle l'avait à la main quand on l'a secourue, dit le médecin à l'homme du F.B.I. Je l'ai ici, avec quelques affaires à elle.

– Nous verrons cela plus tard. Racontez-nous cette fameuse conversation, madame Harris.

– Ils complotaient d'assassiner quelqu'un. Ils n'ont pas prononcé de noms. C'était absolument incroyable. Ils étaient... ils parlaient d'un ton parfaitement normal, comme s'ils discutaient de... d'une chasse au renard. Je n'ai pas tout entendu. J'étais derrière la porte... et j'étais terrifiée. Ils ont parlé d'un Sud-Américain qu'ils payaient pour commettre l'attentat. Ils devaient donner l'argent à sa famille si lui ne s'en sortait pas vivant. Il avait désespérément besoin de cet argent pour... pour... je ne me souviens plus. Je suis repartie sur la pointe des pieds. Je savais que s'ils me trouvaient là... Je ne savais pas quoi faire...

– Elle ne savait pas quoi faire ! s'exclama l'un des autres hommes, plus jeune.

D'un coup d'œil, le nommé Barr lui imposa silence.

– Mettez-vous à ma place... qui croirait-on ? Moi, ou un sénateur ? Ça paraissait tellement invraisemblable... Ils n'auraient qu'à tout nier en bloc, et après... j'ai lu des histoires de ce genre... Il arriverait peut-être un accident à Dudley, ou... Vous êtes sûrs qu'on le recherche ? Supposez qu'il soit chez George ? Je sais bien que c'est son fils, mais George est si bizarre...

– Nos hommes se chargent de vérifier, madame Harris. N'oubliez pas que nous venons seulement d'apprendre votre véritable identité. Continuez.

– Je ne savais même pas qui ils voulaient tuer. Mais le lendemain, à la télévision... on a annoncé l'assassinat du gouverneur... par un Sud-Américain. Alors j'ai compris... Malgré tout, j'ai encore hésité. Je vous le répète : j'avais peur. J'ai fini par décider de parler, mais je ne voulais pas que Dudley rate le théâtre. Je sais, cela paraît insensé... mais il a eu si peu de distractions dans sa courte...

Elle s'interrompit pour prendre une profonde inspiration avant de poursuivre :

– Alors je vous ai écrit... pour ne pas être tentée de changer d'avis. Je savais que vous viendriez me voir le lendemain. Et puis je suis allée... je suis allée au théâtre avec Dudley...

Dans le couloir, une voix gazouilla :

– Regardez mon bracelet. Mon frère l'a envoyé. Méchant, le feu. Tout brûlé. Mon frère, il a promis d'envoyer d'autres...

L'homme qui s'était exclamé : «Elle ne savait pas quoi faire !» desserra son col, marmonna quelque chose à mi-voix et alla fermer la porte.

– Il y a eu confusion, madame Harris, expliqua Barr avec douceur. Vous étiez gravement brûlée. On vous a prise pour une certaine Jane Wallcutt. Nous pensions que vous étiez morte. On vous a retrouvée près du fiancé de Mlle Wallcutt : il avait manifestement tenté de vous venir en aide, et il portait sans doute à ce moment-là le sac à main de sa compagne, car la sangle était enroulée autour de vos poignets. Vos vêtements étaient... carbonisés. Comme vous étiez toutes les deux brunes, à peu près de la même taille...

– Mon visage... j'ai cru... je crois que je vais m'éva...

– Calmez-vous. Il nous faut connaître les noms de vos proches. Nous pourrions nous les procurer par ailleurs, mais autant gagner du temps. Votre famille vous croit morte...

– Ma mère... oui, appelez-la... c'est peut-être elle qui a Dudley. Mme Crowell Philipps... Je vous en prie, appe...

L'un des hommes était sorti avant même qu'elle eût achevé sa phrase.

– Voilà donc pourquoi ils voulaient la tuer, murmura le médecin, abasourdi. Quand le F.B.I. les a interrogés, ils ont compris qu'elle avait entendu leur conversation... Et quand ils ont appris par le journal le détail de la pièce chinoise, ils se sont doutés qu'il y avait eu erreur d'identité...

Dans le couloir, la voix de Marlene s'éleva :

– Vraiment, je proteste. Toutes ces allées et venues indisposent mes oiseaux.

Ils entendirent un bruit de moteur, un claquement de portière, puis des pas. Un homme frappa à la porte et le policier alla ouvrir. La jeune femme allongée sur le lit leva la tête en se massant le front; soudain, elle suspendit son geste et prit un air perplexe. Elle battit des paupières, essayant d'éclaircir sa vision. Comme le nouveau venu se dirigeait vers le lit, l'agent de police et le nommé Barr convergèrent vers lui. Mais l'homme s'arrêta de son propre chef et regarda Reid Harris.

– Il paraît... Le docteur m'a appelé. Vous me reconnaissez ?

– J'ai l'esprit tellement confus... je ne peux pas...

– Très bien. Ne vous faites pas de souci pour ça. Je venais juste voir si je pouvais me rendre utile.

– Est-ce que nous... ? Il me semble...

Se tournant vers Barr comme s'il sentait d'instinct que c'était lui le patron, il demanda :

– Pourrais-je lui parler en tête à tête ?

– *Personne* ne parlera en tête à tête avec Mme Harris. Qui êtes-vous ?

– Je m'appelle Austin Berquist. C'est une histoire assez compliquée...

– M. Berquist est... était le fiancé de Jane Wallcutt, expliqua le médecin.

A cet instant, Kirk apparut dans l'encadrement de la porte.

– Docteur, Gillian m'a dit de vous apporter ça...

– Où diable était-elle ?

– Il a fallu qu'elle trouve votre assistante. Elle n'arrivait pas à remplir la seringue. Bon... sur ce, je retourne à mes plates-bandes...

Sur le lit, la jeune femme se débattait pour s'asseoir, essayant de voir au-delà des personnes qui faisaient cercle autour d'elle. Clignant des paupières comme une prisonnière qui est restée enfermée des années au cachot, elle repoussa le docteur, qui ordonna d'un ton sec :

– Rallongez-vous ! Je vais...

Mais, l'écartant d'un geste impatient, elle se redressa à l'instant même où Kirk disparaissait.

– George ! cria-t-elle. C'est George !

Sur le moment, le médecin, les hommes du F.B.I. et Austin n'eurent aucune réaction. La jeune femme, de plus en plus hystérique, tentait frénétiquement de descendre du lit. Il se produisit alors plusieurs choses en même temps : le docteur lui prit fermement le bras, tenant la seringue dans son autre main ; les hommes du F.B.I. bondirent vers la porte ; et Austin, vif comme l'éclair, fit sauter la seringue de la main du médecin.

25

Les jours s'écoulaient, tels des cours d'eau se jetant les uns dans les autres et mêlant leurs flots au point d'en être interchangeables. Les arbres devinrent plus verts, plus touffus, la pelouse se hérissa de pissenlits et les mauvaises herbes envahirent les plates-bandes. A mesure que les visiteurs affluaient, ses deux vies se fondaient, établissant entre Jane Wallcutt et Reid Harris un lien à jamais indestructible.

Elle savait qu'il lui fallait maintenant songer à l'avenir. Elle ne possédait plus treize millions de dollars. Mais quelle importance ? Sa raison de vivre était morte avec un petit garçon de quatre ans que, naguère, elle avait emmené au théâtre.

Les visages de médecins, l'odeur d'éther : c'était la naissance de Dudley qu'elle avait ainsi revécue en rêve. Pas le reste.

– Il faut que vous mangiez, Reid.

Cette fois, son cerveau assimila correctement le prénom. Dans son cauchemar, elle l'avait mentalement orthographié «raide», sans en comprendre la signification.

Il était de nouveau avec elle, l'homme au regard lointain, aux paupières lourdes.

– Ce serait bête de mourir maintenant, dit-il. Nous nous sommes donné trop de mal pour vous garder en vie.

Encore ce sourire circonspect, mesuré.

Il restait des heures assis à son chevet. Par moments, il lisait ; quelquefois, il parlait ; et, de temps à autre, il expliquait : comment il avait agrippé la femme et le garçonnet qui se trouvaient sur sa gauche, comment le garçonnet avait été brusquement emporté, comment ils étaient tombés, la femme et lui, et comment la méprise avait pu se produire. Ce n'était pas étonnant qu'on les eût confondues, Jane Wallcutt et elle : antécédents similaires, même façon de s'exprimer, cheveux bruns et yeux marron ordinaires, silhouettes plus ou moins semblables...

– Mais j'ai senti la différence presque dès le début.

– A quels signes ? demandait-elle.

La réponse lui importait peu, mais elle posait la question parce qu'il était le seul dont la présence l'apaisât, le seul visiteur qui pût servir de catalyseur au processus qui se déroulait tout au fond d'elle-même. Sa mère avait été trop marquée par la tragédie.

– Eh bien... superficiellement, il y avait déjà pas mal d'indices. Primo, vous ne fumiez pas ; Jane, elle, fumait sans arrêt.

Encore Jane... Reid devrait la trimballer avec elle jusqu'à la fin de ses jours.

– Secundo, vous préfériez le punch aux Martinis.

– A quels détails futiles tient notre identité !

– Oh, ce n'étaient que des indications. Comme votre myopie, par exemple. Mais il y avait des signes plus impor...

– Pourquoi n'êtes-vous pas allé trouver la police ?

– Difficile à dire. Je ne voulais peut-être pas qu'on vous arrête. D'autre part, ils m'auraient ri au nez si j'étais arrivé avec des preuves telles que le fait de ne pas fumer ou de préférer telle boisson à telle autre. Et ils auraient dédaigné le seul facteur important.

– Quel était-il, ce facteur important ?

– Le fait que mes hormones réagissaient différemment quand j'étais avec vous que lorsque j'étais avec Jane.

Elle retournait cela dans son esprit, cherchant à comprendre ce qu'il entendait par là. Puis, reportant le problème à plus tard, elle demandait :

– Comment avez-vous deviné que George avait mis du poison dans la seringue ?

– Je n'en savais rien. Tout s'est passé si vite... Mais quand vous avez crié «George !», j'ai compris que quelque chose n'allait pas. Comme c'était lui qui avait apporté la seringue, j'ai décidé de jouer la sécurité. Ma réaction a été instinctive. Ce que je ne comprends pas, c'est que votre Dr Stires ne se soit jamais rendu compte que Kirk n'était pas épileptique.

– Le Dr Stires ne l'a jamais examiné. Il a hérité de cet établissement, qui n'est pas une clinique mais un asile pour incurables. S'il m'a acceptée ici, c'est parce que sa famille connaissait Howard Chalmers. Et quand George, en apprenant qu'on avait trouvé une pièce chinoise dans ma main, a compris – ou soupçonné – qu'il y avait erreur sur la personne, il a demandé à Ellis Hamden de le conduire ici en se faisant passer pour une parente. Le fait qu'il ait promis de s'occuper du jardin a été un argument de poids pour le docteur, car il n'est pas facile de trouver du personnel dans cet endroit retiré.

A l'occasion, ils discutaient de l'évolution du procès. Pour Austin, celui-ci se traînerait pendant des années, de pourvoi en pourvoi, le public se désintéresserait de l'affaire et, en définitive, seuls seraient condamnés quelques comparses. Il n'existait aucune preuve établissant un lien entre l'assassinat du gouverneur et le meurtre de Zee. Le fragment de lettre que Reid avait subtilisé à Bonnie avait disparu. Quant à George Harris, il irait sans doute en prison pour tentative de meurtre sur la personne de Reid ; mais s'il ne parlait pas, ses complices demeureraient impunis. Et la législation promise par le gouverneur – une législation qui aurait menacé les plus grosses fortunes – resterait lettre morte. Du moins, jusqu'à ce que survienne un autre homme politique partageant les convictions du gouverneur.

Puis ils en revenaient aux sujets personnels :

– J'ai senti chez vous quelque chose de différent dès le premier jour où vous avez été capable de parler avec cohérence. J'ai bien pensé que l'accident avait pu vous changer, mais... encore une fois, c'était tout un ensemble de choses. Vous étiez plus réservée... vos yeux avaient un regard hanté... Evidemment, l'incendie pouvait expliquer cela, mais... D'autre part, ne vous ayant jamais vue debout, je ne me suis pas aperçu que vous étiez un peu plus petite. Mais, je le répète, ce n'étaient pas les détails physiques qui me troublaient. A moins qu'on puisse qualifier ce premier baiser...

Il s'interrompit. Alors, pour meubler le silence, elle récita :

– *Dites que je suis triste, dites que je suis las/ Dites que m'ont manqué tant fortune que santé,/ Dites que je me fais vieux, mais ajoutez bien cela :/ Jenny m'a embrassé.*[1]

Se levant de sa chaise, il s'assit au bord du lit et resta ainsi à la regarder. Elle lui rendit son regard, troublée par de vagues souvenirs, mais quand il l'embrassa – en fidèle émule de Mme Thomas Carlyle – il se contenta d'un léger baiser sur la joue.

Comme si rien ne s'était passé, il reprit :

– Bien sûr, il y avait aussi le fait que Jane ne citait jamais de poèmes, même pas des vers de mirliton. Au début, je vous ai prise pour une aventurière, et puis... je ne saurais dire à quel moment... j'ai commencé à vous croire. Même quand j'ai engagé Gladys, je ne savais pas très bien si c'était pour vous espionner ou pour vous protéger.

– A propos de Gladys, qui va la dédommager ? Sa voiture, ses frais médicaux et tout ?

– La compagnie d'assurances prendra en charge la voiture.

– Et les frais médicaux ?

Il sourit.

– Je m'en occupe, rassurez-vous. Je me rembourserai par ailleurs.

Curieusement, elle n'eut aucun mal à comprendre cette allusion. Sans réfléchir, elle dit :

– Mon pauvre... Vous auriez pu avoir Jane Wallcutt et treize millions de dollars. Au lieu de ça...

Elle s'interrompit, confuse, et changea de sujet :

– Comment votre mère connaissait-elle Ellis Hamden ?

– N'allez pas vous imaginer des choses ! Ma mère ne

1. Quatrain de Thomas Carlyle (1795–1881), historien et philosophe écossais dont la femme se prénommait Jenny (N.D.T.).

faisait pas partie de leurs organisations louftingues. Elles évoluaient toutes les deux dans les mêmes – comment dit-on ? – les mêmes cercles mondains, et elles fréquentaient la même église. La Smith a dû appeler la Hamden pour la prévenir que vous étiez invitée chez ma mère et c'est à ce moment-là qu'elles ont combiné «l'accident».

– Vous n'avez jamais... ? Tout est si brumeux... je me demande si je me souviendrai un jour de toute cette période... Vous n'avez jamais vu mon écriture ?

– Non. Vous n'avez jamais rédigé de chèque, Mlle Smith y a veillé. Elle a également veillé à ce que votre lettre ne me parvienne pas.

Parfois, elle passait de longues minutes à s'examiner dans la glace.

– Que vais-je devenir, avec le visage d'une autre femme ?

– Il commence déjà à changer, vous savez. Je veux dire... vous avez des expressions caractéristiques que Jane n'avait pas. De toute façon, vous devrez faire avec.

Et il ajoutait, avec une indifférence étudiée :

– Je ne tiens pas à ce que vous subissiez une nouvelle opération. D'ailleurs, je ne peux pas m'offrir ce luxe.

Elle se laissait bercer par ces paroles. *Il* ne pouvait pas s'offrir ce luxe. *Ses* hormones réagissaient différemment quand il était avec elle que lorsqu'il était avec Jane. C'était *lui* qui avait loué les services de Gladys. Tous ces éléments, mis bout à bout, signifiaient certainement quelque chose, mais elle était trop fatiguée pour y réfléchir.

Parfois, elle s'endormait pendant qu'il était encore là, et sa respiration était si creuse que la couverture se soulevait à peine. Alors il se levait pour lui toucher le poignet, pour s'assurer qu'elle était bien vivante ; puis, sans faire de bruit, il se rasseyait et la regardait. Le soleil disparaissait à la lisière du monde, donnant au ciel une teinte rouge orangé, puis bleu-mauve. Dans la chambre gagnée par l'obscurité, les bruits nocturnes s'infiltraient peu à peu : le hululement d'un hibou, le coassement d'une grenouille dans un lointain marais, le bourdonnement des insectes omniprésents. Et le lent processus de guérison se poursuivait.

Rivages/noir

Joan Aiken
Mort un dimanche de pluie (n° 11)

Robert Edmond Alter
Attractions : Meurtres (n° 72)

Jean-Baptiste Baronian
Le Tueur fou (n° 202)

Marc Behm
La Reine de la nuit (n° 135)
Trouille (n° 163)
À côté de la plaque (n° 188)

Tonino Benacquista
Les Morsures de l'aube (n° 143)
La Machine à broyer les petites filles (n° 169)

Pieke Biermann
Potsdamer Platz (n° 131)
Violetta (n° 160)

Michael Blodgett
Captain Blood (n° 185)

Paul Buck
Les Tueurs de la lune de miel (n° 175)

Edward Bunker
Aucune bête aussi féroce (n° 127)
La Bête contre les murs (n° 174)

James Lee Burke
Prisonniers du ciel (n° 132)
Black Cherry Blues (n° 159)

W.R. Burnett
Romelle (n° 36)
King Cole (n° 56)
Fin de parcours (n° 60)

Jean-Jacques Busino
Un café, une cigarette (n° 172)

George Chesbro
Une affaire de sorciers (n° 95)
L'Ombre d'un homme brisé (n° 147)
Bone (n° 164)
La Cité où les pierres murmurent (n° 184)

Andrew Coburn
Toutes peines confondues (nº 129)
Michael Collins
L'Égorgeur (nº 148)
Robin Cook
Cauchemar dans la rue (nº 64)
J'étais Dora Suarez (nº 116)
Vices privés, vertus publiques (nº 166)
La Rue obscène (nº 200)
Peter Corris
La Plage vide (nº 46)
Des morts dans l'âme (nº 57)
Chair blanche (nº 65)
Le Garçon merveilleux (nº 80)
Héroïne Annie (nº 102)
Escorte pour une mort douce (nº 111)
Le Fils perdu (nº 128)
Le Camp des vainqueurs (nº 176)
James Crumley
Putes (nº 92)
Mildred Davis
Dark Place (nº 10)
Thomas Disch/John Sladek
Black Alice (nº 154)
Wessel Ebersohn
La Nuit divisée (nº 153)
Coin perdu pour mourir (nº 193)
Stanley Ellin
La Corrida des pendus (nº 14)
James Ellroy
Lune sanglante (nº 27)
À cause de la nuit (nº 31)
La Colline aux suicidés (nº 40)
Brown's Requiem (nº 54)
Clandestin (nº 97)
Le Dahlia noir (nº 100)
Un tueur sur la route (nº 109)
Le Grand Nulle Part (nº 112)
L.A. Confidential (nº 120)
White Jazz (nº 141)
Dick Contino's Blues (nº 212)
Howard Fast
Sylvia (nº 85)
L'Ange déchu (nº 106)

Kinky Friedman
Meurtre à Greenwich Village (n° 62)
Quand le chat n'est pas là (n° 108)
Meurtres au Lone Star Café (n° 151)
Le Vieux Coup de la sauterelle (n° 197)

Samuel Fuller
L'Inexorable Enquête (n° 190)

Barry Gifford
Port Tropique (n° 68)
Sailor et Lula (n° 107)
Perdita Durango (n° 140)
Jour de chance pour Sailor (n° 210)

David Goodis
La Blonde au coin de la rue (n° 9)
Beauté bleue (n° 37)
Rue Barbare (n° 66)
Retour à la vie (n° 67)
Obsession (n° 75)

James Grady
Le Fleuve des ténèbres (n° 180)

Russell H. Greenan
Sombres Crapules (n° 138)
La Vie secrète d'A. Pendleton (n° 156)
C'est arrivé à Boston ? (n° 205)

Joseph Hansen
Par qui la mort arrive (n° 4)
Le petit chien riait (n° 44)
Un pied dans la tombe (n° 49)
Obédience (n° 70)
Le Noyé d'Arena Blanca (n° 76)
Pente douce (n° 79)
Le Garçon enterré ce matin (n° 104)
Un pays de vieux (n° 155)
Le Livre de Bohannon (n° 214)

John Harvey
Cœurs solitaires (n° 144)
Les Étrangers dans la maison (n° 201)

George V. Higgins
Les Copains d'Eddie Coyle (n° 114)
Le Contrat Mandeville (n° 191)

Tony Hillerman
Là où dansent les morts (n° 6)
Le Vent sombre (n° 16)
La Voie du fantôme (n° 35)
Femme-qui-écoute (n° 61)
Porteurs-de-peau (n° 96)
La Voie de l'Ennemi (n° 98)
Le Voleur de temps (n° 110)
La Mouche sur le mur (n° 113)
Dieu-qui-parle (n° 122)
Coyote attend (n° 134)
Le Grand Vol de la banque de Taos (n° 145)

Chester Himes
Qu'on lui jette la première pierre (n° 88)

Dolores Hitchens
La Victime expiatoire (n° 89)

Geoffrey Homes
Pendez-moi haut et court (n° 93)
La Rue de la femme qui pleure (n° 94)

Dorothy B. Hughes
Et tournent les chevaux de bois (n° 189)
Chute libre (n° 211)

William Irish
Manhattan Love Song (n° 15)
Valse dans les ténèbres (n° 50)

William Kotzwinkle
Midnight Examiner (n° 118)

Jonathan Latimer
Gardénia rouge (n° 3)
Noir comme un souvenir (n° 20)

Michel Lebrun
Autoroute (n° 165)

Elmore Leonard
ZigZag Movie (n° 220)

Bob Leuci
Captain Butterfly (n° 149)

Ted Lewis
Le Retour de Jack (n° 119)
Sévices (n° 152)

Richard Lortz
Les Enfants de Dracula (n° 146)
Deuil après deuil (n° 182)
L'Amour mort ou vif (n° 206)

John D. Mac Donald
Réponse mortelle (n° 21)
Un temps pour mourir (n° 29)
Un cadavre dans ses rêves (n° 45)
Le Combat pour l'île (n° 51)
L'Héritage de la haine (n° 74)

John P. Marquand
Merci Mr Moto (n° 7)
Bien joué, Mr Moto (n° 8)
Mr Moto est désolé (n° 18)
Rira bien, Mr Moto (n° 87)

Richard Matheson
Échos (n° 217)

Helen McCloy
La Somnambule (n° 105)

William McIlvanney
Les Papiers de Tony Veitch (n° 23)
Laidlaw (n° 24)
Big Man (n° 90)
Étranges Loyautés (n° 139)

Marc Menonville
Jeux de paumes (n° 222)

Tobie Nathan
Saraka bô (n° 186)

Kyotaro Nishimura
Petits crimes japonais (n° 218)

Jim Nisbet
Les damnés ne meurent jamais (n° 84)
Injection mortelle (n° 103)
Le Démon dans ma tête (n° 137)
Le Chien d'Ulysse (n° 161)

Jack O'Connell
B.P. 9 (n° 209)

Jean-Hugues Oppel
Brocéliande-sur-Marne (n° 183)
Ambernave (n° 204)

Abigail Padgett
L'Enfant du silence (n° 207)

Hugues Pagan
Les Eaux mortes (n° 17)
La Mort dans une voiture solitaire (n° 133)
L'Étage des morts (n° 179)
Boulevard des allongés (n° 216)

Bill Pronzini
Hidden Valley (n° 48)

Bill Pronzini/Barry N. Malzberg
La nuit hurle (n° 78)

Michel Quint
Billard à l'étage (n° 162)
La Belle Ombre (n° 215)

Diana Ramsay
Approche des ténèbres (n° 25)
Est-ce un meurtre ? (n° 38)

Philippe Setbon
Fou-de-coudre (n° 187)
Desolata (n° 219)

Roger Simon
Le Clown blanc (n° 71)
Génération Armageddon (n° 199)

Pierre Siniac
Les Mal lunés (n° 208)
Sous l'aile noire des rapaces (n° 223)

Les Standiford
Pandémonium (n° 136)

Richard Stark
La Demoiselle (n° 41)
La Dame (n° 170)

Vidar Svensson
Retour à L.A. (n° 181)

Paco Ignacio Taibo II
Ombre de l'ombre (n° 124)
La Vie même (n° 142)
Cosa fácil (n° 173)
Quelques nuages (n° 198)

Ross Thomas
Les Faisans des îles (n° 125)
La Quatrième Durango (n° 171)

Jim Thompson
Liberté sous condition (n° 1)
Un nid de crotales (n° 12)
Sang mêlé (n° 22)
Nuit de fureur (n° 32)
À deux pas du ciel (n° 39)
Rage noire (n° 47)
La mort viendra, petite (n° 52)

Les Alcooliques (n° 55)
Les Arnaqueurs (n° 58)
Vaurien (n° 63)
Une combine en or (n° 77)
Le Texas par la queue (n° 83)
Écrits perdus (1929-1967) (n° 158)
Le Criminel (n° 167)
Écrits perdus (1968-1977) (n° 177)
Hallali (n° 195)
L'Homme de fer (n° 196)

Masako Togawa
Le Baiser de feu (n° 91)

Armitage Trail
Scarface (n° 126)

Marc Villard
Démons ordinaires (n° 130)
La Vie d'artiste (n° 150)
Dans les rayons de la mort (n° 178)

Donald Westlake
Drôles de frères (n° 19)
Levine (n° 26)
Un jumeau singulier (n° 168)
Ordo (n° 221)

Janwillem Van De Wetering
Comme un rat mort (n° 5)
Sale Temps (n° 30)
L'Autre Fils de Dieu (n° 33)
Le Babouin blond (n° 34)
Inspecteur Saito (n° 42)
Le Massacre du Maine (n° 43)
Un vautour dans la ville (n° 53)
Mort d'un colporteur (n° 59)
Le Chat du sergent (n° 69)
Cash-cash millions (n° 81)
Le Chasseur de papillons (n° 101)

Harry Whittington
Des feux qui détruisent (n° 13)
Le diable a des ailes (n° 28)

Charles Willeford
Une fille facile (n° 86)
Hérésie (n° 99)
Miami Blues (n° 115)
Une seconde chance pour les morts (n° 123)
Dérapages (n° 192)
Ainsi va la mort (n° 213)

Charles Williams
La Fille des collines (n° 2)
Go Home, Stranger (n° 73)
Et la mer profonde et bleue (n° 82)

Timothy Williams
Le Montreur d'ombres (n° 157)
Persona non grata (n° 203)

Daniel Woodrell
Sous la lumière cruelle (n° 117)
Battement d'Aile (n° 121)
Les Ombres du passé (n° 194)

Rivages/mystère

Charlotte Armstrong
Le Jour des Parques (n° 13)
L'Inconnu aux yeux noirs (n° 15)

Francis Beeding
La Maison du Dr Edwardes (n° 9)
La mort qui rôde (n° 12)

Algernon Blackwood
John Silence (n° 8)

Mildred Davis
Crime et chuchotements (n° 14)
Passé décomposé (n° 16)

John Dickson Carr
En dépit du tonnerre (n° 5)

William Kotzwinkle
Fata Morgana (n° 2)

John P. Marquand
À votre tour, Mister Moto (n° 4)

Anthony Shaffer
Absolution (n° 10)

J. Storer-Clouston
La Mémorable et Tragique Aventure de Mr Irwin Molyneux (n° 11)

Rex Stout
Le Secret de la bande élastique (n° 1)
La Cassette rouge (n° 3)
Meurtre au vestiaire (n° 6)

Josephine Tey
Le plus beau des anges (n° 7)

Achevé d'imprimer en août 1995
sur les presses de l'imprimerie Hérissey
27000 Évreux
Dépôt légal : août 1995
N° d'imprimeur : 69829